Dieter Buck

Wandern im Landkreis Tübingen

Die 25 schönsten Wanderungen am Früchtetrauf

Schönbuch, Neckar- und Seitentäler, Rammert und Albtrauf

verlag regionalkultur

Vorwort

Liebe Leserin, lieber Leser,

dieses Buch führt Sie durch die Schönheiten des Landkreises Tübingen. In diesem – ungefähr in der Mitte des Landes Baden-Württemberg gelegenen – Kreis finden Sie viele der Landschaftselemente, die das Wandern im Ländle so schön und erlebnisreich machen.

Das beginnt mit dem dicht bewaldeten Naturpark Schönbuch im Norden und reicht über die heiter wirkenden Streuobstgebiete – der Landkreis ist auch Mitglied im Verein Schwäbisches Streuobstparadies e. V. – und die Gegend um den Neckar bis ins Albvorland, ja mit dem Dreifürstenstein sogar hinauf zu einem prächtigen Aussichtsfelsen auf der Schwäbischen Alb. Ein reiches Spektrum an Wandererlebnissen ist also garantiert.

Dazu gehören auch die Städte und Dörfer des Kreises mit alten, sehenswerten Häusern und Kirchen und einer reichen Kultur. Diese Orte sind zwar nicht Thema des Buches, aber bei der Anfahrt werden Sie immer wieder durch eine Gemeinde hindurchkommen, bei der Sie denken werden: »Da muss ich auf der Heimfahrt mal halten und mich umsehen.«

Die Wanderwege sind gepflegt und gut markiert – von den ehrenamtlichen Wegwarten des Schwäbischen Albvereins oder von den Gemeinden. Zudem finden Sie in diesem Buch auch einige der Highlights der Wanderlandschaft: die vom Deutschen Wanderinstitut zertifizierten Premiumwanderwege und Premium-Spazierwanderwege. Sie haben sich ihre Auszeichnung hart verdient und sind deshalb im wahrsten Sinne des Wortes »premium«. Sie als Wanderer/in profitieren von der einzigartigen Wanderinfrastruktur dieser ausgezeichneten Wege.

So bleibt mir nur, Ihnen allzeit gutes Wetter und viele nette Erlebnisse und Begegnungen unterwegs zu wünschen.

Dieter Buck

Einleitendes

Den Früchtetrauf entdecken

Im Norden der waldreiche Naturpark Schönbuch, im Süden der Albtrauf, dazwischen Flusstäler, Weinberge und Streuobstwiesen – der Landkreis Tübingen bietet auf kleinster Fläche alles, was das Urlauber- und Wandererherz begehrt. Mittendrin liegen die drei Städte Tübingen, Rottenburg und Mössingen mit einem reichen kulturellen Leben und zahlreichen historischen Gemäuern.

Als Teil des Schwäbischen Streuobstparadieses ist der Landkreis durch die zahlreichen Streuobstwiesen geprägt. Erzeugnisse aus Äpfeln, Birnen, Zwetschgen und Walnüssen gehören zu den prominentesten lokalen Produkten, die fast überall direkt beim Erzeuger verkostet werden können. Im Neckar- und Ammertal werden die Obstbaumwiesen durch die terrassierten Steilhänge der Weinberge ergänzt. Die Winzer bewirtschaften die Steillagen in mühevoller Handarbeit und keltern selbst: Eine große Varianz an Geschmäckern und Aromen kennzeichnet das Weinangebot der Region.

Nicht umsonst nennt sich die Wanderregion »Früchtetrauf«: Auf den zertifizierten Premiumwander- und Premium-Spazierwanderwegen kommt man der Natur ganz nah, sie führen durch die Streuobstwiesen, den Naturpark Schönbuch oder an den Weinbergen entlang. Die Trockenmauern und die naturbelassenen Wiesenflächen sind Lebensräume für eine einzigartige Tier- und Pflanzenwelt. Idyllische Waldspielplätze, Feuerstellen und Schutzhütten laden zum Verweilen ein. Die Flusstäler von Neckar, Ammer und Steinlach haben einen vielfältig strukturierten Raum geschaffen

Ein plätschernder Bach auf der Tour verbreitet gleich gute Laune.

und bieten eine weitgehend intakte Natur. Der Landkreis Tübingen beherbergt auf kleinster Fläche unterschiedliche reizvolle Landschaften.

Daneben bietet die Region im Albvorland alles, was eine Reise ins Ländle ausmacht, ob feine Küche mit regionalen Produkten oder spannende Museen mit hochkarätiger Kunst. Auch wenn man einmal nicht die Natur erkundet, ist Abwechslung garantiert. Ein quirliger Stadtbummel durch die engen Gassen der Tübinger Altstadt verspricht traditionsreiche Geschäfte und innovative Szeneläden – die von Studenten geprägte Universitätsstadt lebt stets am Puls der Zeit. Ob traditionsreiche Stocherkahnfahrt vor der bekannten Neckarfront oder Intermezzo in einem der vielen kreativen Cafés – Tübingen bietet beides.

Ihre römische Vergangenheit lässt sich noch an vielen Stellen der Innenstadt von Rottenburg am Neckar entdecken und wird im Sumelocenna-Museum anschaulich nachgezeichnet. Heute prägen der Dom sowie die sonnige Neckarpromenade das Stadtbild.

Mössingen liegt inmitten der Streuobstwiesen, das Pausa-Areal in der Stadtmitte erzählt von der kreativen Vergangenheit der Bauhauskünstler, die hier als Designer der berühmten Pausa-Stoffe wirkten. Im ebenfalls dort beheimateten Streuobst-Erlebniszentrum mit Café und Regionalladen lässt sich das Streuobstparadies in allen Facetten erleben.

Durch verschiedene altersbedingte »Stockwerke« des Bewuchses wird der Wald interessant gegliedert.

Weitere Informationen zum touristischen Angebot im Landkreis Tübingen bietet die Webseite www.früchtetrauf-bw.de.

Für kulturell Interessierte bietet der Landkreis mit zahlreichen Burgen und Schlössern, Museen, Ausstellungen und Kirchen reizvolle Ausflugsziele. Kulinarisch lockt die Gegend mit einer abwechslungsreichen Gastronomielandschaft, die für jeden Geschmack etwas zu bieten hat.

Eine Perle des Landkreises ist das Kloster Bebenhausen, das idyllisch im Naturpark Schönbuch, dem größten zusammenhängenden Waldgebiet im Bereich des Mittleren Neckars, liegt. Ein weiteres attraktives Ziel ist das herrliche Landschaftsschutzgebiet des Rammerts zwischen den Städten Rottenburg, Tübingen, Mössingen und Hirrlingen.

Sie sind im Urlaub gerne autofrei unterwegs? Kein Problem! Im Landkreis Tübingen lassen sich die meisten Sehenswürdigkeiten und Wanderrouten auch wunderbar mit dem öffentlichen Nahverkehr erreichen.

Zu diesem Wanderführer

In diesem Buch sind 25 Wanderungen im Landkreis Tübingen beschrieben, darüber hinaus finden Sie auch Erklärungen zu den Sehenswürdigkeiten unterwegs – nach dem Motto: »Man sieht nur, was man weiß«. Und zu sehen gibt es hier viel. Seien es die dichten Wälder des Schönbuchs mit ihren vielen interessanten, geschichtsträchtigen Orten, seien es die Streuobstwiesen, sei es die Aussicht ins Ländle oder die Orte mit ihren Besonderheiten.

Die Zeitangaben der Strecken wurden in der Regel aus Komoot oder Outdooractive entnommen und mit der althergebrachten Formel kontrolliert: Für vier Kilometer wurde eine Stunde angesetzt, und für Anstiege wurden Zuschläge gemacht, wobei von 400 Metern Höhe, die im reinen Anstieg in einer Stunde zu bewältigen wären, ausgegangen wurde. Da Wanderungen aber eine Kombination aus Strecke und Höhe sind, wurden die Zuschläge nur anteilmäßig berechnet. Bei den Angaben zu Länge und Dauer von Strecke und den Höhenunterschieden handelt es sich um ungefähre Zahlen, individuelle Abweichungen sind natürlich möglich. Da jeder sein eigenes Gehtempo hat, sehen Sie bereits nach den ersten Touren, ob Sie die Zeiten

Zu einer Wanderung gehören natürlich eine Rast und ein stärkendes Vesper.

über- oder unterschreiten und können sich bei weiteren Wanderungen darauf einstellen. Die genannten Zeiten sind natürlich reine Gehzeiten. Pausen, Besichtigungen, Fotostopps, das Überprüfen des Wegverlaufs auf der Karte oder andere Verzögerungen sind darin nicht enthalten.

Die Wanderungen sind – außer im Hochwinter – fast ganzjährig möglich, allerdings sollte berücksichtigt werden, dass im eher schattigen Wald im Frühjahr der Schnee länger liegen bleibt als auf freiem Feld und die Wege deshalb zuweilen auch vereiste, glatte Stellen aufweisen können. Man sollte sich daher mit geeigneten Schuhen ausrüsten. Auch Schuhspikes oder Wanderstöcke erweisen sich in solchen Situationen als sehr nützlich.

Bei feuchtem Wetter sollte man Routen bevorzugen, die auf festen Wegen verlaufen, da unbefestigte Wege bei Feuchtigkeit schmierig und glitschig und schlecht zu begehen und schon gar nicht befahrbar sind.

Die in diesem Wanderführer vorgeschlagenen Wanderungen sind in die Kategorien »leicht«, »mittel« und »schwierig« eingeordnet. Nun gibt es im Landkreis Tübingen, zumindest in diesem Buch, keine Wanderungen, die man in technischer Hinsicht als schwierig bezeichnen kann. Aus diesem Grund habe ich die Zuordnung gemäß der Länge der Tour vorgenommen. Wanderungen von der Länge eines Spazierganges – das entspricht ca. vier bis sechs Kilometer – wurden als »leicht« ausgewiesen, etwas längere Wanderungen – bis etwa zehn Kilometer – als »mittel« und Wanderungen über zehn Kilometer als »schwierig«.

Sicher wandern

Wichtig ist, dass man seine eigene Leistungsfähigkeit kritisch betrachtet: Bewältigt man die Strecke und die Höhenmeter? Schlappmachen unterwegs oder total erschöpft ankommen möchte man ja nicht – das hinterlässt auch keine guten Erinnerungen an die Tour. Auch sollte man berücksichtigen, dass man an heißen Sommertagen schneller an seine Grenzen stößt als an kühleren Tagen. Gerade dann ist es wichtig, immer genügend zu trinken dabei zu haben, und auch bei kürzeren Touren ist ein kleiner Vorrat an Essbarem zu empfehlen.

Besser als alleine zu wandern ist es, wenn man mindestens zu zweit unterwegs ist. So kann im Falle des Falles immer eine Person Hilfe holen. Schnell ist ein Fuß verknackst, und oft kommt man dann nicht mehr weiter. Für Alleinwanderer ist es empfehlenswert, Freunde, Familie oder Bekannte darüber zu informieren, wo und wie lange man unterwegs sein will.

Um Hilfe herbeizurufen, ist ein Handy nützlich. Das hat heutzutage wohl jeder dabei. Allerdings kann der Empfang in bestimmten Arealen, beispielsweise in den Tälern, aber auch auf den Höhen, schlecht sein. Das ist vor allem im Schönbuch der Fall. Oft lohnt es sich ein wenig umherzugehen, denn vielleicht ist in kurzer Entfernung der Empfang besser. Die Notrufnummer 112 ist aber auch dann erreichbar, wenn Sie über ihren Netzbetreiber keinen Empfang haben. Wählen Sie den Notruf, wählt sich Ihr Handy automatisch in das stärkste verfügbare Netz ein. Sollten Sie trotzdem keinen Notruf absetzen können, können Sie es noch einmal probieren, indem Sie ihr Handy ausschalten und beim Wiedereinschalten nicht Ihre PIN eingeben, sondern direkt die 112 wählen. Auf diesem Wege stellen Sie sicher, dass ihr Handy sich nicht nur mit dem Netz Ihres Netzbetreibers verbindet, sondern auch nach anderen verfügbaren Netzen sucht, um eine Verbindung mit dem Notruf herzustellen. Beachten Sie hierbei, dass in Ihrem Handy eine SIM-Karte eingelegt sein muss. Ist dies nicht der Fall, ist auch kein Notruf möglich.

Die richtige Ausrüstung

Was braucht man zum Wandern? Eigentlich nichts Besonderes. Man zieht sich wandergeeignete Kleidung an: gut waschbar, bequem und je nach Wetter auch wind- und regendicht (oder zumindest -abweisend), aber auch atmungsaktiv. Auch für einen Anorak gilt das. Weniger geeignet sind Jeanshosen: Sind sie einmal nass, dauert es lange, bis sie wieder trocken sind. Ein Kunststoffgewebe, das schnell trocknet, eignet sich besser. Da man im Wald auch manchmal auf engen Wegen geht, in die vielleicht dornige und stachelige Zweige ragen, sollte der Stoff fest sein und nicht gleich kaputt gehen, wenn man mal von einer Brombeere »angegriffen« wird. Der Fachhandel hat ein großes Angebot an wandergeeigneter Kleidung auf Lager, sogar nach Geschlechtern getrennt. Dort erhält man auch Beratung.

Am wichtigsten sind jedoch die Schuhe. Wer hier sparen will, macht es an falscher Stelle. Man sollte sich – optimalerweise in einem Fachgeschäft mit guter Beratung – geeignete Wanderschuhe aussuchen. Sie sollten wasserdicht sein, sodass man auch einfach mal durch eine Pfütze gehen kann, ohne sie mühselig umgehen zu müssen. Außerdem sollten sie knöchelhoch und mit einer Sohle ausgestattet sein, mit der man problemlos über Wurzeln und Steine steigen kann. Am besten sucht man die Schuhe am Nachmittag oder Abend aus, wenn die Füße ohnehin etwas dicker sind. Zur richtigen Ausrüstung gehören aber auch geeignete Socken. Besser keine aus Wolle oder Baumwolle. Es gibt extra Wandersocken, die ausschließlich oder zu einem hohen Anteil aus Kunstfaser bestehen. Dadurch ist gewährleistet, dass die Feuchtigkeit nach außen transportiert wird und der Fuß trocken bleibt. Dadurch wird die Gefahr der Blasenbildung verringert. Manche Wanderer schwören auch auf zwei Paar Socken, da dann die Socke nicht an der Haut, sondern Socke an Socke reibt. Wer dies machen möchte, sollte das allerdings bei der Größe der Schuhe berücksichtigen. Auch hier ist fachkundige Beratung Gold wert.

Zusätzlich zu dieser Grundausrüstung gibt es noch weitere Gegenstände, die sich bei einer Wanderung als nützlich erweisen können: beispielsweise ein Taschenmesser, eine Schnur und eine Tüte (für den Abfall, aber auch zum Sammeln irgendwelcher Fundstücke – vor allem, wenn man Kinder dabeihat). Auch wenn man nicht gerne daran denken möchte, sollte man auf mögliche Verletzungen vorbereitet sein. Denn gerade auf Pfaden hat man sich schnell mal den

Fuß vertreten. Eine elastische Binde kann hierbei Wunder wirken und zumindest den Weg zurück zum Ausgangspunkt ermöglichen. Einen Schnitt, einen Riss oder eine aufgeschürfte Stelle hat man sich auch schnell zugezogen. Hier sind Pflaster oder Verbandsmaterial und Desinfektionsmittel im Rucksack hilfreich. Auch gegen Insektenstiche gibt es hilfreiche Mittel: Geräte, mit denen man einen Stachel oder das Gift aus der Stichstelle entfernen kann sowie Geräte oder Salben zur Linderung des Juckreizes, erhält man in der Apotheke.

Gibt es unterwegs Gefahren?

Löwen, Tiger und giftige Spinnen treffen wir in unseren Wäldern zwar nicht an, aber es gibt ein paar Dinge, die in den letzten Jahren an Bedeutung gewonnen haben und über die man sich Gedanken machen sollte.

Waldgebiete sind immer auch Zeckengebiete – hier ist vor allem an den Schönbuch als Risikogebiet zu denken. Und ein Zeckenbiss kann schwere Komplikationen verursachen, von Hirnhautentzündung bis zu Borreliose. Es empfiehlt sich dringend, geschlossene Kleidung zu tragen und die Hosenbeine in die Schuhe zu stopfen, um den Beißern die Angriffsflächen nicht gerade auf dem Silbertablett anzubieten. Nach der Tour sollte man sich absuchen, am besten sogar duschen und bei Zeckenbissen in den nächsten Tagen auf Rötungen um die Bissstelle achten. Dann ist ein Arztbesuch angesagt. Gegen Hirnhautentzündung kann man sich impfen lassen – lassen Sie sich dazu vorab von Ihrem Arzt beraten.

Gefahr besteht auch durch den Fuchsbandwurm, einen Parasiten, der auch den Menschen befallen kann. Geschädigt werden vor allem die Leber, manchmal auch Lunge und Gehirn. Dass man befallen ist, wird oft so spät bemerkt, dass keine Hilfe mehr möglich ist. Vorsorgen kann man, indem man keine Beeren o.ä. im Wald isst, zumindest keine aus Bodennähe. Auch sein Vesperbrot sollte man nicht ins Gras legen. Händewaschen, wenn möglich unterwegs, auf jeden Fall aber daheim, ist hier angesagt.

Ursache für eine Erkrankung durch das Hantavirus sind oft Rötelmäuse bzw. deren Ausscheidungen. Sie werden beim Wandern zum Beispiel im trockenen Laub aufgewirbelt und der Erreger eingeatmet. Besonders hoch ist die Infektionsgefahr von April bis in den Herbst.

Tetanus (Wundstarrkrampf) kann man sich durch eine Verletzung (Stich, Biss, Schnittwunde) und Verunreinigung der Wunde holen. Die meisten Menschen sind wahrscheinlich dagegen geimpft. Eine weitere Gefahr ist eine Blutvergiftung (Sepsis), die man sich ebenfalls durch eine Verletzung zuziehen und die unbehandelt zum Tod führen kann. Lassen Sie sich von Ihrem Arzt beraten.

Ebenfalls eine Gefahr im Wald sind die immer drohenden Waldbrände. Durch die seit Jahren anhaltende Trockenheit sind die Wälder und das Unterholz sehr ausgetrocknet. Ein kleiner Funke kann schon einen Waldbrand auslösen. Daher sind die behördlichen Grillverbote streng zu beachten. Dies dient nicht nur der eigenen Sicherheit, sondern auch der der Wälder und somit der Allgemeinheit. Dies gilt aber nicht nur für den Sommer, auch in den anderen Jahreszeiten können die Wälder sehr trocken und damit brandgefährdet sein.

Besonders schön: mit Kindern unterwegs

Kinder sind normalerweise begeisterte Wanderer, gibt es dabei doch immer viel zu sehen, zu beobachten und zu spielen. Geht man mit Kindern wandern, ist es immer sinnvoll, etwas zum Transport von Fundstücken (Tannenzapfen, Samen, Versteinerungen etc.) dabei zu haben. Pflanzen mitzunehmen ist zwar auch beliebt, aber wenig sinnvoll, denn bis man daheim ist, sind sie oft vertrocknet. In Naturschutzgebieten ist es sogar verboten, von dort darf überhaupt nichts mitgenommen werden! Schnur, Taschenmesser, Malsachen etc. – bei kleineren Kindern auch Spielfiguren – machen eine Wanderung für den Nachwuchs interessant, sodass man zu einer Wiederholung vermutlich keine großen Überredungskünste braucht.

Orientierung ist wichtig

Die im Buch abgebildeten Karten sind schon alleine sehr hilfreich.

> Als Karte wird die vom Landkreis Tübingen und dem Naturpark Schönbuch herausgegebene »Rad- & Wanderkarte – Naturpark Schönbuch / Kreis Tübingen« im Maßstab 1 : 35 000 empfohlen.

Die »Rad- & Wanderkarte – Naturpark Schönbuch / Kreis Tübingen« ist in vielen Buchhandlungen im Kreis erhältlich, außerdem kann man sie auf der Internetseite des Landratsamtes (früchtetrauf-bw.de) kostenpflichtig bestellen, wenn man dort in der Rubrik »Service« den Unterpunkt »Prospektbestellung« öffnet. Dort findet man auch eine Liste der Buchhandlungen und Geschäfte, die diese Karte verkaufen.

Sehr nützlich sind auch Apps für das Smartphone. Hier sollte man aber darauf achten, dass man sich aus den jeweiligen Stores Apps herunterlädt, die kein Internet benötigen

– das ist vor allem im Wald, insbesondere weit weg von Siedlungen oder in Schluchten, sehr oft nicht vorhanden. Zu empfehlen sind beispielsweise die kostenlosen Apps »MAPS.ME« und »PhoneMaps«, die einem recht zuverlässig anzeigen, wo man sich gerade befindet, wenn man mal die Orientierung verloren hat. Auch mit Komoot habe ich gute Erfahrungen gemacht. Wer sich die angebotenen Tracks zu den Wanderungen herunterlädt, sollte sowieso keine Probleme mit der Orientierung haben.

Anfahrt

Für jede Tour in diesem Wanderführer ist sowohl der passende Parkplatz aufgeführt, aber auch, wie man umweltfreundlich mit öffentlichen Verkehrsmitteln zum Ausgangspunkt kommt. Meist verlängert sich die Dauer der Wanderung durch die Strecke vom Bahnhof oder von der Bushaltestelle jedoch ein wenig. Auskunft über die Verbindungen und Fahrpläne erhält man hier: www.efa-bw.de.

Bestimmen von Bäumen, Blumen und Tieren

Nach dem Motto »Man sieht nur, was man weiß« ist es auch ganz nützlich, wenn man das, was man um sich herum sieht, auch erkennen und bestimmen kann: Bäume, Blumen, Tiere. Neben vielen Büchern – fragen Sie hierzu am besten Ihren Buchhändler – gibt es auch zahlreiche Apps. Zur Bestimmung von Vögeln werden auch Bücher angeboten, bei denen man mittels einer App Vogelstimmen hören kann.

Besonderheiten in den Wäldern

Die ganz großen Sensationen der Natur findet man in unseren Wäldern eher selten, dafür aber kleine Kostbarkeiten: hier eine junge Pflanze, die aus einem abgestorbenen Baum, dem sogenannten Totholz, wächst, dazwischen vielleicht sogar die eine oder andere Orchidee. Auch lustig vor sich hin plätschernde und strudelnde Bäche erfreuen den Wanderer, ebenso ein Wasserfall, ein Felsmassiv oder eine wilde Schlucht.

Die Touren

Um den Rammert

Am Albtrauf

blau = leicht, rot = mittelschwer, **schwarz** = schwer

Die **GPX-Dateien** zu den Touren dieses Führers finden Sie auf https://verlag-regionalkultur.de – die Daten sind den jeweiligen Touren zugeordnet.

Schönbuch

Schönbuch

Der Schönbuch wird landläufig mit dem Naturpark Schönbuch gleichgesetzt. Ganz stimmt dies jedoch nicht, obwohl der 156 Quadratkilometer große Naturpark den größten Teil des Schönbuch genannten Waldgebiets einnimmt. Der Tübinger Anteil am Naturpark verläuft nördlich von Breitenholz und zieht sich über das Kleine Goldersbachtal bis nach Dettenhausen. Dieser Ort gehört als dessen nördlichster Punkt noch zum Landkreis Tübingen. Von dort aus verläuft die Kreisgrenze noch kurz entlang des Schaichtals nach Osten, bevor sie nach Süden schwenkt. Fast gerade führt sie nun hinab bis zum Neckar.

Der Schönbuch ist ein beinahe gänzlich geschlossenes und weitgehend unbesiedeltes Waldgebiet und liegt zwischen Böblingen, Aichtal, Reutlingen, Tübingen und dem Gäu mitten in Baden-Württemberg.

Die Entstehung des Naturparks geht zurück auf die Zeit Mitte der 1960er Jahre, als die Landesregierung aufgrund des stärker gewordenen Luftverkehrs einen neuen Großflughafen für Stuttgart bauen wollte. Einer der favorisierten

Morgens bei Einsiedel. Die Straße wird von einer schönen Baumallee begleitet.

Standorte war der Schönbuch. Er bot sich an, weil dort das Land der größte Grundbesitzer war und er weitgehend unbesiedelt ist und zudem relativ zentral im Großraum Stuttgart liegt. Aber es kam Widerstand auf, und 1969 bildete sich die Arbeitsgemeinschaft »Schönbuchflughafen«. Zu dieser gehörten Vertreter/innen von Landkreisen, Gemeinden, Behörden und verschiedenen Organisationen. 1972 schrieb eine in Tübingen gegründete Bürgerinitiative einen offenen Brief an die Landesregierung. Darin wurde diese aufgefordert »verbindlich zu erklären, daß der Bau eines Großflughafens im Schönbuch unterbleibt«. Im März dieses Jahres war es dann soweit: der damalige Ministerpräsident Filbinger erklärte den Schönbuch zum ersten Naturpark Baden-Württembergs.

Der Landkreis Tübingen hat an diesem den größten Anteil. Auch seine nördlichste Gemeinde, Dettenhausen, liegt im Schönbuch. Weitere Teile gehören zu den Landkreisen Böblingen, Esslingen und Reutlingen. 99 Prozent der Fläche des Naturparks sind besonders geschützt.

Von diesen 99 Prozent sind fünf Prozent Naturschutzgebiete, 92 Prozent Landschaftsschutzgebiete und 65 Prozent FFH-Gebiete (Fauna-Flora-Habitat). 83 Prozent sind Vogelschutzgebiet oder in einer anderen Schutzgebietskategorie eingeordnet. Das können Bann- und Schonwälder oder Naturdenkmale sein. Die drei als Bannwälder geschützten Waldteile nehmen 101 Hektar ein.

86 Prozent der Fläche des Naturparks sind Wald, 13 Prozent dienen der Landwirtschaft und ein Prozent wird anderweitig genutzt, beispielsweise besiedelt. 64 Prozent des Waldes besteht aus Laubholz, darunter 31 Prozent Buche und 14 Prozent Eiche. 36 Prozent beträgt der Anteil des Nadelholzes, wovon u. a. die Fichte 17 Prozent und die Kiefer 12 Prozent einnehmen.

Besonders erwähnenswert im Schönbuch sind die über 240 Kleindenkmale wie Steinkreuze, Gedenksteine, Hirschsteine, Soldatengräber, Brunnen und weitere Objekte. In Einsiedel erinnert der in diesem Buch beschriebene »geschichtliche Lehrpfad« an vergangene Zeiten. Auf ihm findet man den Rest einer Keltenschanze, Exponate aus der

SCHON GEWUSST?

Die exakte Mitte des Bundeslandes Baden-Württemberg liegt auf einer Waldlichtung namens »Elysium« in Tübingen oder unweit des Schönbuchs im Wald bei Böblingen – je nach Berechnungsmethode.

Römerzeit und vom ehemaligen Kloster Einsiedel, das einst auf der gleichnamigen Schönbuchlichtung stand. Zudem findet man im Schönbuch Keltenschanzen und -gräber sowie mit der Via Rheni eine historische Verkehrsverbindung. Dies alles dürfte die größte Dichte von historischen Sehenswürdigkeiten in einem geschlossenen Gebiet im Land, wenn nicht darüber hinaus, sein.

Für die rund zwei Millionen Einwohner des Mittleren Neckarraums ist der Schönbuch ein beliebtes Naherholungsgebiet. Er zählt vier Millionen Besucher im Jahr. Für sie bietet er eine gut ausgebaute Erholungsinfrastruktur. Die Besucher können sich an vielen Rad- und Wanderwegen, Sport- und Lehrpfaden sowie an Rastplätzen und Wassertretanlagen erfreuen. Besonderheiten sind die Wasserflächen – man denke nur an das Schaichtal mit den vielen Seen. Außerdem gibt es dort Wildschaugatter, fantastische Aussichtspunkte und zahlreiche uralte und markante Einzelbäume zu sehen. Für Menschen mit Gehbehinderung hat die Naturparkverwaltung einige barrierefreie Angebote geschaffen. Näheres zu diesen findet man auf der Internetseite des Naturparks.

Das Beschilderungssystem im Schönbuch

Das Beschilderungssystem im Schönbuch ist an dem des Schwäbischen Albvereins ausgerichtet. Dieses besteht aus Fernwanderwegen, einem Grundwegenetz und örtlichen Rundwegen. Fernwanderwege – im Schönbuch der HW3 und der HW5 des Schwäbischen Albvereins – und Grundwege haben ein gelbes Schild, örtliche Rundwege ein grünes. Auf den Schildern steht, falls vorhanden, im weißen Feld der Name des Wegs. In den gelben und grünen Zielfeldern findet man bis zu vier Ziele, geordnet nach der Entfernung. Im Markierungsfeld in der Spitze des Wegweisers steht das Markierungszeichen, dem der Wanderer auf seinem weiteren Weg bis zum nächsten Wegweiser folgt. Für örtliche Rundwege gilt einheitlich das Zeichen des gelben Rings. Piktogramme gibt es für bestimmte Ziele: Bahnhof, Bushaltestelle, Aussicht, Gasthaus, Feuerstelle, Rastplatz, Spielplatz.

Das Schaichtal ist eines der schönsten im Schönbuch.

Informationen
Naturpark Schönbuch
Schönbuchstraße 4
72074 Tübingen-Bebenhausen
Telefon (0 70 71) 6 02-62 62
www.naturpark-schoenbuch.de

Für den Wanderer gibt es die kostenlose App »Schönbuchführer«. Mit ihr kann man mittels eines QR-Codes Informationen zu den Sehenswürdigkeiten vor Ort abrufen.

Sulzeiche und Schaichtal

1

Von Dettenhausen in das vielleicht schönste Schönbuchtal

4 Std.

15,5 km

150 Hm

Dettenhausen – Weißes Häusle – Sulzeiche – Schaichtal – Dettenhausen

Wir wandern auf festen Wegen.

Schaichtal, Sulzeiche, Dettenhausen

Dettenhausen

Dettenhausen hat nicht nur selbst einiges an Sehenswertem zu bieten, es ist auch Ausgangspunkt für Wanderungen in das Schaichtal, das wohl eines der schönsten Täler im Schönbuch ist und das in seinem westlichen Teil zum Kreis Tübingen gehört. Unsere Wanderung führt uns auch durch dieses Tal, zuerst besuchen wir aber die mächtige Sulzeiche, die zu den markantesten Bäumen im Schönbuch gehört. Zudem bietet die Tour die Gelegenheit, in Dettenhausen das interessante Schönbuchmuseum zu besuchen und sich das winzige Kathree-Häusle anzusehen. Je nach Wetterlage kann man den Tag auch im Dettenhausener Freibad ausklingen lassen.

Im Zentrum von Dettenhausen.

Von der **Endstation der Schönbuchbahn** 1 in Dettenhausen folgen wir der Bahnhofstraße **nach Osten** zur Tübinger Straße. Wir überqueren sie und steigen auf der Treppe hinauf zur **Pfrondorfer Straße**. Auf dieser gehen wir nach rechts bis zum Ortsende, wo wir am **Sportplatz** 2 links in den **Schwarzer-Hau-Weg** abbiegen.

Er führt uns erst am Ortsrand entlang, dann in den Wald. Nun wandern wir mit leichtem Auf und Ab immer geradeaus. Unterwegs passieren wir das **Weiße Häusle** 3. Bei ihm steht zwar ein Mammutbaum, aber dieser bereitet seinem Namen keine Ehre, denn er ist recht schmächtig.

Am **Waldrand** orientieren wir uns links. Nun haben wir einen schönen Blick zur Schwäbischen Alb. Wir gehen immer geradeaus weiter, erst durch ein Waldstück, dann wieder am Waldrand entlang. Schließlich treffen wir auf eine Kreuzung, an der wir links gehen und wir – ebenfalls zur Linken – die **Sulzeiche** 4 sehen.

Die Sulzeiche ist einer der markantesten Baumriesen im Schönbuch.

Sulzeiche

Der Name »Sulzeiche« stammt eventuell von einer Salzlecke für das Vieh oder von einer Suhle. Die Sulzeiche selbst, eine etwa 400 Jahre alte Stieleiche, ist als Naturdenkmal ausgewiesen. Sie ist rund 22 Meter hoch, ihr Kronenumfang beträgt etwa 27 Meter.

Um sie herum befindet sich das mit 1,8 Hektar Fläche kleinste Naturschutzgebiet im Schönbuch. Bedingt durch die vorherrschende, interessante Waldsaumgesellschaft mit trockenheitsliebender Vegetation, beispielsweise dem Magerrasen, gibt es hier eine sehr artenreiche Insektenwelt. Zum Beispiel hat man in diesem Gebiet 126 Arten von Bienen und Wespen gezählt, 63 dieser Arten legen ihre Nester im Boden an. Für viele von ihnen ist hier der einzige Standort im Raum Tübingen bzw. Reutlingen und von einer Grabwespenart gibt es in ganz Baden-Württemberg nur noch einen einzigen weiteren Standort.

Schaichtal

In der Oberamtsbeschreibung von Nürtingen aus dem Jahre 1848 wurde das Schaichtal noch als »Schaiachtal« bezeichnet. Historiker vermuten, dass der keltische Gewässername »Schaich« Grundlage für die Entwicklung des Namens Schönbuch sein könnte. Er wurde im 12. Jahrhundert urkundlich »Schainbuoch« genannt. Das Wort »schain« ist im Mittelhochdeutschen und im Schwäbischen gleichbedeutend mit »schön« oder »leuchtend«. Das Tal östlich von Dettenhausen ist eines der landschaftlich reizvollsten des Schönbuchs. Es ist etwa acht Kilometer lang und besticht mit natürlichen Bachmäandern und üppiger Ufervegetation, vielen Seen und Tümpeln, teilweise sogar mit Seerosen. 1915 bezeichnete die Oberamtsbeschreibung Stuttgart die Schaich noch als »wilden Waldbach«. Bei Neuenhaus vereint sie sich mit der Aich. Etwa fünf Kilometer von Dettenhausen entfernt sieht man noch die Reste eines Damms. Dieser wurde von den Mönchen des Bebenhausener Klosters errichtet, denn hier befand sich im 15. Jahrhundert noch ein Stausee. Die Mönche stauten dort die Schaich auf, um Fische zu züchten, die sie als Fastenspeise benötigten.

Dettenhausen

Dettenhausen wurde um 1100 erstmals als Detenhusen erwähnt, die Gründung geht aber wohl in die ältere Ausbauzeit (um 700) zurück. Bis ins 16. Jahrhundert wurde Dettenhausen nur »Weiler« genannt. 1120 wurde der Ort, zusammen mit allen Rechten, von den Grafen von Berg (bei Ehingen/Donau) dem Benediktinerkloster Hirsau geschenkt. Später besaßen die Tübinger Pfalzgrafen das Vogtsrecht, welches von ihnen 1298 wiederum an das Kloster Bebenhausen verkauft wurde. Der Ort kam 1363 von den Tübinger Pfalzgrafen an die Grafschaft Württemberg.

Die klassizistische Pfarrkirche in Dettenhausen ist ein einfacher Rechteckbau. Sie wurde 1832 bis 1834 aus heimischem Sandstein im »Finanzkammerstil« erbaut. Außerdem sieht man noch einige Fachwerkhäuser und neugestaltete Brunnen.

Für die Region bedeutsam waren früher die Steinbrüche. Der erste im Schönbuch bekannte Steinbruch wurde 1383 erstmals erwähnt und lag bei Dettenhausen; der Stubensandstein von hier fand zum Beispiel beim Bau des Kölner Domes Verwendung. Bereits Gottlieb Friedrich Rösler, Professor am Gymnasium illustre in Stuttgart, bezeichnete 1791 in seiner Schrift »Beyträge zur Naturgeschichte des Herzogthums Wirtemberg« Dettenhausen als »Vaterland der Mühlsteine«. Seiner Forschung nach sind »viele tausend Mühlsteine« über Ulm und die Donau bis »ins Bayrische und Österreichische und (der gemeinsamen Sage nach) weiter bis in die Türkey« geliefert worden. Auch die Schweiz war ein großer Abnehmer. Allerdings begann ab 1890 der Rückgang des Steinmetzgewerbes, da es billigere Baustoffe gab. 1920 bestand nur noch ein einziger Betrieb. 1975 stellte dann auch die letzte Firma ihren Betrieb ein.

Abschließend sind noch zwei bekannte Persönlichkeiten Dettenhausens zu erwähnen: Zum einen der Journalist, Schriftsteller und Drehbuchautor Felix Huby (eigentlich Eberhard Hungerbühler), der 1938 in Dettenhausen geboren wurde; zum anderen die Scherenschnittkünstlerin Lotte Reiniger, die ihre letzten Jahre in Dettenhausen verbrachte und nach ihrem Tod 1981 dort auch beerdigt wurde. Im Stadtmuseum Tübingen gibt es zu ihrem beeindruckenden Gesamtwerk eine sehenswerte Dauerausstellung.

links: Die Schaich mäandert idyllisch durch ihr Tal.

rechts: In einigen der Seen im Schaichtal wachsen Seerosen.

INFOS

www.naturpark-schoenbuch.de, www.dettenhausen.de

Schönbuchbahn oder Bus

Dettenhausen, Bahnhof, Bahnhofstraße, GPS 48.606580, 9.094103

Wer mit dem Auto anfährt, kann auch am Wanderparkplatz am Ende des Mühlwegs (Punkt 6 in der Karte) starten.

Jetzt biegen wir nochmals links ab. Im Zickzack geht es mit dem Zeichen **blauer Punkt** hinab ins **Schaichtal** 5. Dort orientieren wir uns links und wandern durch das idyllische Tal bis Dettenhausen.

Unterwegs sehen wir einen kleinen Weiher, der mit den Felsbrocken in seiner Mitte wohl einer der schönsten im Tal ist. Es strahlt die kontemplative Ruhe japanischer Gärten aus. Aus einem größeren See ragen ruinengleich die Reste abgestorbener Bäume heraus und lassen ein wenig Urwaldatmosphäre aufkommen. Blühen allerdings die Seerosen, bekommt das Ganze eine heitere Note.

Vor Dettenhausen kommen wir am **Wanderparkplatz** 6 vorbei, an dem Autofahrer die Wanderung auch beginnen können. Danach wandern wir im Mühlweg zur **Stuttgarter Straße**. Hier biegen wir links ab und spazieren am **Freibad** 7 vorbei. Danach biegen wir rechts ab in die **Schulstraße**. Dieser folgen wir. Nach einer Linkskurve heißt sie **Störrenstraße**.

Bald erreichen wir den Dorfplatz. Hier weist schon ein Schild nach rechts zum **Schönbuchmuseum** 8 (Ringstraße 3).

Hinter dem Museum führt ein schmaler Weg nach links, dem wir bis zur Kirchstraße folgen, wo wir direkt auf das **Kathree-Häusle** 9 (Kirchstraße 15) treffen.

Danach gehen wir zurück zum Bahnhof. Dazu gehen wir hinab zur **Störrenstraße**, halten uns erst links und biegen dann rechts ab in die **Bismarckstraße**. Sie bringt uns hinauf zur Bahnhofstraße und dem **Bahnhof**.

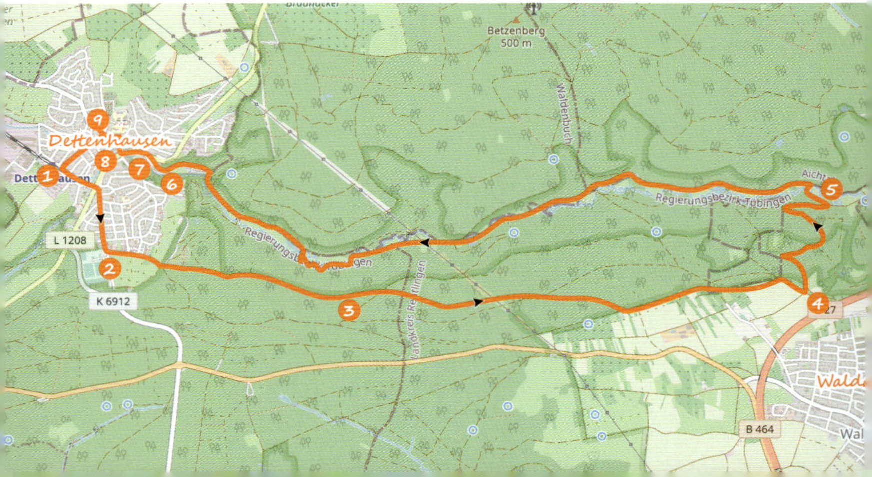

Schönbuchmuseum

Im Schönbuchmuseum werden Informationen zur Jagd, zur wirtschaftlichen Nutzung des Waldes und zum Steinhauerhandwerk gezeigt.

Ringstraße 3
Telefon: (0 71 57) 1 26 32

Kathree-Häusle

Das zwischen der Kirche und dem Schönbuchmuseum gelegene Kathree-Häusle ist ein winziges Häuschen – fast ein Puppenhaus –, das mitsamt dem alten Inventar besichtigt werden kann. Auf weniger als 15 Quadratmetern lebten in dem 1839 erbauten Haus zeitweise bis zu sieben Personen! Zu sehen ist das Inventar der letzten Bewohnerin, der 1951 gestorbenen Kathree Oßwald. Den Schlüssel zum Häusle kann man sich im Schönbuchmuseum, Ringstraße 3, ausleihen.

Schönbuchspitzrunde

2

Viel Abwechslung im Schönbuch

2½ Std.

8,3 km

240 Hm

Breitenholz – Aussichtspunkt Sägmehlhütte – Rastplatz Mädlesstein – Schönbuchspitz – Aussichtspunkt Gigeleshalde – Nubenhäusle – Breitenholz

Wir wandern auf Pfaden und festen Wegen. Die Tour kann mit dem »Ammerbucher Gigeleswegle«, das aber in diesem Buch nicht beschrieben ist, kombiniert werden.

Landschaft, Breitenholz, Aussicht

Sportheim Entringen, Entringen, Breitenholz

Der Premiumwanderweg verläuft zwischen den Ammerbucher Ortsteilen Breitenholz und Entringen durch artenreiche Streuobstwiesen, steile Weinberge und schattige Wälder. Dadurch bietet uns diese Tour am westlichen Abhang des Schönbuchs abwechslungsreiche Eindrücke und fantastische Ausblicke über Weinberge und Streuobstwiesen und hinab ins Ammertal. Man blickt dabei nicht nur auf Breitenholz und Entringen, sondern sogar bis hin zur Schwäbischen Alb. Jede Jahreszeit bietet besondere Eindrücke. Das Frühjahr beispielsweise erfreut den Wanderer mit seinen blühenden Obstbäumen, der Herbst mit der Farbenpracht in den Obstbaumwiesen, im Wald und in den Weinbergen. Interessant auf dieser Tour sind auch die durch alte Trockenmauern gegliederten Hänge.

Blick im Frühling zur Kirche in Breitenholz.

Vom **Wanderparkplatz Breitenholz** (407 m) 1 aus wandern wir in Verlängerung des Zufahrtsweges in Richtung Osten zum Wanderschild **Östlich Parkplatz Breitenholz** (405 m). Dort halten wir uns links zum Schild **Müneckstraße** (408 m). Hier biegen wir rechts ab und kommen zum Schild **Nördlich SAV Häusle Breitenholz** (411 m).

Jetzt wandern wir auf der Straße zu dem großen **Spielplatz Neue Steige Ost** (426 m) 2. Nach ihm halten wir uns vor dem Weinberg am Schild **Weinberge Breitenholz Südwest** (436 m) links. Der Weg führt uns nun mit viel Aussicht ins Ammertal und auf Breitenholz vorbei an Weinbergen und Streuobstwiesen zum Schild **Reute** (443 m). Hier orientieren wir uns rechts und steigen auf einem Pfad steil hinauf.

Oben angekommen geht es am Schild **Nordwestlich Weinberge Breitenholz** (469 m) nach rechts auf dem Grasweg weiter. Nach einer Linkskurve des Weges kommen wir am Schild **Hinterhalde West (**489 m) kurz durch den Wald, danach spazieren wir an einer Wiese entlang. Nach dem Schild **Hörnle** (496 m) biegen wir am Schild **Oberes Tal** (508 m) 3 in spitzem Winkel rechts ab.

Bald erreichen wir das Schild **Sägmehlhütte** (516 m) 4. Hier folgen wir dem Schotterweg nach links. Die kleine Schutzhütte sehen wir kurz danach. Wir kommen an einem Felsaufschluss mit Buntem Mergel vorbei, weitere folgen später. Bei dieser Gesteinsart haben die verschiedenen Schichten andere Farben. Nach dem Schild **Hinterhalde Ost** (420 m) kommen wir in den Wald.

INFOS

www.früchtetrauf-bw.de, www.ammerbuch.de

Bahn bis Tübingen oder Herrenberg, Ammertalbahn bis Entringen, Bus bis Breitenholz Lamm

Ammerbuch-Breitenholz, Parkplatz am Friedhof, Friesenweg, GPS 48.570262, 8.960652

Weitere Ausgangspunkte: Ammerbuch-Entringen und Parkplatz Saurucken oberhalb von Entringen

Etwas später dürfen wir die Abzweigung nach links nicht verpassen. Neben dem Zeichen des **Früchtetraufs** weisen auch die Wegweiser nach »Bebenhausen Tübingen« auf den Pfad. Etwas später kommen wir am Schild westlich Hirschenäcker (533 m) vorbei und gehen mit dem Wanderzeichen **roter Balken** durch den Wald. Vor einem breiten **Forstweg** werden wir nach rechts wieder auf einen Naturpfad verwiesen.

Beim Schild **Neue Steige Nord** (535 m) überqueren wir ein Sträßchen. Bald kommen wir an einem Grenzstein mit dem Hirschgeweih der Württemberger vorbei, etwas später an einem weiteren. Nach dem **Rastplatz Mädlesstein** (492 m) 5 orientieren wir uns kurz links, zweigen aber gleich darauf beim Schild **Nubenweg** (492 m) rechts ab. Nach der nächsten Kurve steht der **Mädlesstein**.

Nun kommen wir an den Schildern Bogenackertor Nord (519 m) und östlich Sandgrube (530 m) vorbei. Hier befinden wir uns am **Schönbuchspitz** 6 und am Pfaffenberg, wo wir eine herrliche Aussicht über die Weinberge ins Ammertal und hinab nach Entringen haben. Beim Schild **Nördlich Sportheim** (489 m) biegen wir rechts ab. Gleich darauf stoßen wir auf das Schild **Sportheim Entringen** (483 m) 7.

Neben Weinbergen bestimmen Obstbäume das Landschaftsbild. Im Frühling sind sie am schönsten.

Mädlesstein

Der Mädlesstein erinnert an ein Mädchen aus Entringen. Es wurde beim Heuholen in der Dämmerung aufgrund der über dem Kopf getragenen Heubüschel mit einem Hirsch verwechselt und erschossen.

Links befindet sich hier nicht nur der Parkplatz Saurucken, sondern mit dem Sportheim auch eine Einkehrmöglichkeit.

Nun leitet uns der Weg vor allem durch Streuobstwiesen, wobei die Wiesen eine prächtige Artenvielfalt an Blumen zeigen. Wir kommen am Schild Mittlerer Pfaffenbergweg (480 m) vorbei und stoßen auf das Schild **Bogenackerweg** (454 m) 8. Hier kann man, wenn man die Tour mit dem Gigeleswegle verbinden möchte, nach links bergab gehen. Alle anderen halten sich rechts und wandern auf einem teilweise schmalen Pfad weiter durch die Baumwiesen.

Am Schild **Gigeleshalde** (465 m) 9 haben wir von der Bank aus eine großartige Aussicht. Der Weg führt uns nun mit Blick über die Wiesen den Schönbuchtrauf abwärts nach Breitenholz. Am Schild **Härenslochweg Süd** (442 m) zieht der feste Weg nach links, wir gehen jedoch geradeaus auf einem unbefestigten Grasweg weiter.

Im Tal angekommen führt die Tour nun auch durch Felder. Am Schild **Fuchswasen** (405 m) halten wir uns rechts, biegen aber gleich darauf am Schild **Nubenhäusle** (407 m) links ab auf einen Naturpfad. Das **Nubenhäusle** (418 m) 10 ist bald erreicht.

In Breitenholz sieht man noch einige prächtige Fachwerkhäuser.

Hinter dem Häuschen halten wir uns links. Vor dem Fußballplatz führt der Weg nach rechts weiter zum Schild **Nordöstlich Bolzplatz** (410 m). Wir spazieren nach links zum Schild **Nordwestlich Bolzplatz** (409 m). Nun geht es kurz nach rechts, dann nach links zum Ausgangspunkt.

Nubenhäusle

Das kleine Nubenhäusle ist eine Schutzhütte aus dem frühen 19. Jahrhundert. Hier konnte man sich, wenn man in Richtung Stuttgart unterwegs war, vor dem Aufstieg hoch zum Schönbuchtrauf ausruhen. Vor ihm steht eine alte Grubbank, die zum Abstellen der Lasten diente.

Über die Schlagbaumlinde ins Goldersbachtal

3

Eine alte Grenze und historische Besonderheiten

3 Std.
11,6 km
115 Hm

Bebenhausen – Böblinger Sträßle – Widenmanndenkmal – Schlagbaumlinde – Goldersbachtal – Teufelsbrücke – Bebenhausen

Die Wanderung verläuft, bis auf den kurzen Anstieg zu Beginn, ab dem Schwarzwildgehege auf festen Wegen.

Bebenhausen, Steine/Denkmale, Schlagbaumlinde, Wald, Teufelsbrücke mit See

Bebenhausen

Wir wandern bei dieser Tour mehr oder weniger von einer historischen Besonderheit zur nächsten – ob es nun Gedenksteine sind, eine seit Jahrhunderten bestehende Grenze oder Bäume, die an Ereignisse erinnern: Die vielen historischen Eindrücke lassen fast vergessen, dass wir ja eigentlich wegen der schönen Natur auf Wanderung sind.

Beim Rastplatz Teufelsbrücke finden wir einen idyllischen See.

Wir gehen vom **Parkplatz Bebenhausen**, der südlich des Ortes liegt (351 m) 1, auf Bebenhausen zu. Dort biegen wir am Wanderschild **Alte Straße** (353 m) 2 rechts ab. Gleich darauf halten wir uns am Schild **Schönbuchstraße** (353 m) links und biegen sofort rechts ab in die Straße **Klostermühle**. Nun spazieren wir zwischen einigen der historischen Häuser bis nach einer **Linkskurve**.

Dort gehen wir nach rechts durch den Torbogen und auf das **Fachwerkhaus** zu. Vor ihm steigen wir nach links die **Treppe** hinauf. Oben halten wir uns **zweimal rechts** und gehen durch den **Durchlass**, über dem wir eine prächtige Uhr sehen. Danach geht es **rechts der Kirche** weiter. Ein Blick nach oben zu dem prächtigen Dachreiter lohnt sich.

Die Via Rheni oder die Rheinstraße

Wir wandern nun einige Zeit auf der ehemaligen Via Rheni (deutsch: Rheinstraße), dem heutigen Böblinger Sträßchen. Sie ist vermutlich 2000 Jahre alt. Auf ihr reisten vielleicht schon die Römer, später eventuell sogar Könige und Kaiser. Sie führte quer durch den Schönbuch. Wahrscheinlich wurde sie jedoch nicht in der Römerzeit, sondern erst zur Zeit der Franken (3.–8. Jh. n. Chr.) angelegt. Unter dem Namen »via rheni« wurde sie 1191 anlässlich der Ausstattung des Klosters Bebenhausen erwähnt. Sie führte von Speyer über Pforzheim, Friolzheim, Heimsheim, Malmsheim, Ihinger Hof und Dagersheim, berührte im Schönbuch Mauren, Altdorf, den Schaichhof und Bebenhausen und verlief weiter bis zur Donau. Verantwortlich für den Schutz dieser wichtigen Straße waren die Pfalzgrafen von Tübingen. Beim Anlegen einer Hopfenkultur nördlich von Bebenhausen fand man römische Münzen und Bruchstücke von Gefäßen. Hier könnte ehemals ein Wachposten oder eine Raststätte gewesen sein. In der erwähnten Urkunde von Bebenhausen ist auch die Rede von einem »Thabernenbrunnen«, also einem Brunnen bei einer Taverne, einem Straßenwirtshaus. Dies könnte eventuell der Schaichhof gewesen sein.

Wir gehen geradeaus und kommen links der Häuser zur **Klostermauer**, wo wir durch eine **Holztüre** den Ort verlassen. Etwas später kommen wir am Schild **Böblinger Sträßchen** (383 m) vorbei, danach begleiten uns Streuobstwiesen.

Bald geht es hinab zum Wald, wo wir durch ein Gattertor den geschützten Bereich des Schönbuchs betreten. Wir gehen nun entlang des eingezäunten Schwarzwildgeheges hinab zu einer Kreuzung mit dem Schild **Schwarzwildgehege** (397 m) 3.

Weiter geradeaus gehend steigt der Weg nun an und wir kommen an drei historischen Denkmälern vorbei: dem **König-Wilhelm-I.-Stein**, dem **Hausch-Kreuz**, und oben links auf einer Lichtung dem prächtigen **Widenmanndenkmal** 4.

Nun geht es mit leichtem Auf und Ab weiter, vorbei am rechts liegenden **Brühlweiher** 5 und links am eingezäunten **Wildgehege** bis zur **Schlagbaumlinde** 6.

Der König-Wilhelm-I.-Stein ist eines der Denkmale, an denen wir vorbeikommen.

Kleindenkmale am Weg

Auf dem **König-Wilhelm-I.-Stein** ist der Buchstabe »W« zwischen zwei Geweihstangen und die Jahreszahl 1838 eingemeißelt. Er wurde anlässlich eines Besuches von König Wilhelm I. aufgestellt.

Das **Hausch-Kreuz** ist ein Gedenkstein für Forstwächter Konrad Hausch aus Unterjesingen († 29. März 1883). Das Kreuz steht am sogenannten roten Graben an der alten Fahrstraße zwischen Weil im Schönbuch und Bebenhausen. Der Forstwächter wurde, als er von der Wildschweinjagd kam und auf dem steinigen Weg ausrutschte, von einem Schuss aus seinem eigenen Gewehr im Genick getroffen.

Das **Widenmanndenkmal** ist dem Forstpionier Wilhelm von Widenmann (1798–1844) gewidmet. Er war zweiter Lehrbeauftragter am forstwissenschaftlichen Lehrstuhl in Tübingen, danach in Bebenhausen Kreisforstrat und Oberförster. Er erwarb sich bedeutende Verdienste bei der Ablösung der Holznutzungs- und Waldweiderechte und der Wiederaufforstung des Schönbuchs. Zudem war er Abgeordneter in der württembergischen Ständeversammlung. Die Inschrift auf dem Denkmal lautet: »Dem verdienten Forstmann, seine Berufsgenossen im Vaterlande«.

Schlagbaumlinde

Bei der über 200 Jahre alten Schlagbaumlinde handelt es sich um eine Winterlinde mit einem Stammumfang von über 3,50 Metern. An ihr vorbei verläuft eine alte Grenze, die sich bis zur Teilung des Herzogtums Württemberg in den Stuttgarter und den Uracher Teil im Jahr 1442 zurückverfolgen lässt. Auch die Besatzungsmächte nach dem Zweiten Weltkrieg hielten sich daran, denn hier zogen sie die Grenze zwischen der französischen und der amerikanischen Zone. Heute verläuft hier die Regierungsbezirksgrenze zwischen Süd- und Nordwürttemberg sowie die Kreisgrenze zwischen den Landkreisen Tübingen und Böblingen.

Teufelsbrücke

Der Name der Teufelsbrücke geht auf eine Einsiedelei auf der Höhe zurück. Einer der Klausner soll jede Nacht um Mitternacht die kleine Glocke der Kapelle geläutet haben. Danach ging er zur Wegkreuzung ins Goldersbachtal, um dort den Teufel zu beschwören. Auf dem Gelände des Rastplatzes an der Teufelsbrücke, an der Grenze der Landkreise Tübingen und Böblingen, steht die 300 Jahre alte Oskar-Klumpp-Eiche. Sie besitzt einen Stammumfang von über 4,70 Metern und wurde 1973 Oskar Klumpp, dem »Beschützer des Schönbuches« gewidmet. Dieser war von 1963 bis 1973 Landrat in Tübingen und hatte sich vehement – und letztendlich erfolgreich – gegen den im Schönbuch geplanten Großflughafen Stuttgart II zur Wehr gesetzt.

Königseiche

Die Königseiche ist rund 300 Jahre alt und besitzt einen Stammumfang von über 5,10 Metern.

INFOS

www.naturpark-schoenbuch.de, www.kloster-bebenhausen.de

Bahn bis Tübingen, dann Bus

Parkplatz südlich von Tübingen-Bebenhausen, an der L1208; GPS 48.557786, 9.064856

Ausweichparkplätze findet man etwas nördlich und südlich von Bebenhausen an der Straße.

Ilgenloch und Schwefelbrünnele

Das kleine Ilgenloch hat seinen Namen wegen des reichen Wuchses von Gelben Sumpf-Schwertlilien (Iris pseudacorus), auf schwäbisch »Gilgen« oder »Ilgen«. Dahinter plätschert leise das Schwefelbrünnele. Sein Wasser soll schwefelhaltig sein und schleimlösend wirken.

Wir folgen dem Böblinger Sträßle noch kurz, dann biegen wir links ab in das Stoffelskohlsträßle und wandern hinab ins **Kleine Goldersbachtal** 7. Nun wandern wir nach links durch das idyllische Tal. Unterwegs steht rechts die **Königseiche**.

Danach erreichen wir an der **Teufelsbrücke** 8 einen der beliebtesten Rastplätze des Schönbuchs. Im Frühjahr hören wir aus dem Weiher das laute Quaken zahlreicher Frösche.

Wir gehen geradeaus weiter, nun etwas ansteigend. An der nächsten Verzweigung nehmen wir den linken, nun wieder abwärts führenden **Jungfernhäulesweg** 9. Er mündet an der **Tellerbrücke** 10 in den Talweg. Diesem folgen wir in Gehrichtung. Auf der linken Wegseite sehen wir bald das urtümliche Bannwaldgebiet Steinriegelhang, neben dem Weg liegt der **Senftenbrunnen**.

Wir verlassen den geschützten Bereich durch ein **Wildgatter** und biegen danach links ab 11. Erst wandern wir an einer Spiel- und Grillwiese vorbei, danach sehen wir rechts unterhalb des Weges das **Ilgenloch** und das **Schwefelbrünnele**.

Kurz danach verlassen wir am Schild **Schwefelbrünnele** (370 m) den Wald 12. Wir gehen nach rechts, dann biegen wir links ab. Vorbei an dem **Bücherbaum** sind wir bald wieder zurück in Bebenhausen, wo wir uns am bekannten Schild **Alte Straße** 2 rechts halten. Kurz darauf sind wir wieder am Ausgangspunkt.

Bücherbaum

Der Bücherbaum wurde 2012 aufgrund einer Initiative der Mitarbeiter des Forstreviers Tübingen im Hinblick auf das 40jährige Bestehen des Naturparks Schönbuch aufgestellt; er ist Station der Literatur-Radtour. In diesem mit Türen versehenen Baum sind in den einzelnen Fächern Bücher verstaut, die man mitnehmen oder gleich dort an den aufgestellten Holztischen und -bänken lesen kann. Man kann auch eigene Bücher dort einstellen. Diese Möglichkeit wird gerne von Book-Crossing-Nutzern wahrgenommen, die dort ihre Bücher »freilassen«. (Weitere Infos unter www.bookcrossing.com)

Von Bebenhausen um den Jordan 4

Stille Schönbuchwanderung

1 ¾ Std.
6,6 km
140 Hm

Bebenhausen – Schwarzwildgehege – Fohlenweide – Ilgenloch – Goldersbachtal – Bücherbaum – Bebenhausen

Die Wanderung verläuft auf guten Wegen. Im ersten Teil gibt es einen mäßigen Anstieg.

Ort und Kloster Bebenhausen, Ilgenloch

Bebenhausen

Von Bebenhausen aus, dem kulturellen und historischen Highlight des Schönbuchs, wandern wir durch ein eher stilles Waldgebiet im sonst so belebten Schönbuch. Der Wald, durch den wir kommen, zeigt zeitweise einen recht urtümlichen Charakter. Wir umrunden das »Fohlenweide« oder auch »Jordan« genannte Waldstück und kommen beim idyllischen Ilgenloch wieder heraus. Durch das etwas belebtere Goldersbachtal gehen wir zurück nach Bebenhausen. Da diese Wanderung recht kurz ist, kann man sie gut mit einer Besichtigung des Ortes oder des ehemaligen Klosters Bebenhausen kombinieren.

Blick auf Bebenhausen.

Wir gehen vom südlich von Bebenhausen an der L1208 liegenden **Parkplatz Bebenhausen** (351 m) 1 auf den Ort zu. Dort biegen wir am Wanderschild **Alte Straße** (353 m) 2 rechts ab. Gleich darauf halten wir uns am Schild **Schönbuchstraße** (353 m) links und biegen sofort rechts ab in die Straße Klostermühle. Nun spazieren wir zwischen einigen der historischen Häuser bis nach einer **Linkskurve**.

Dort gehen wir nach rechts durch den **Torbogen** und auf das **Fachwerkhaus** zu. Vor ihm steigen wir nach links die

Jordanberg

Der Jordanberg wurde schon 1714 als Fundort versteinerter Knochen genannt. Die Wasser der hier am Hang entspringenden Quellen leitete man früher in Holzdeichelleitungen ins Kloster Bebenhausen. Der Name des Bergs entstand wohl deshalb in Anspielung auf den Fluss in Israel. »Auf dem Jordan. Derselbe verdient wahrhaftig seinen Ruhm«, so schwärmte schon Eduard Mörike in seinem Tagebuch am 2. September 1863 von dem Berg im Schönbuch.

Treppe hinauf. Oben halten wir uns **zweimal rechts** und gehen durch den **Durchlass**, über dem wir eine prächtige Uhr sehen. Danach geht es rechts der Kirche weiter – hier sollte man den aufwändig gebauten Dachreiter beachten.

Wir gehen geradeaus und kommen links der Häuser zur **Klostermauer**, wo wir durch eine **Holztüre** den Ort verlassen. Etwas später kommen wir am Schild **Böblinger Sträßchen** (383 m) 3 (s. a. Tour 3) vorbei, danach begleiten uns Streuobstwiesen.

Bald geht es hinab zum Wald, wo wir durch ein **Gattertor** den geschützten Bereich des Schönbuchs betreten. Wir wandern nun entlang des eingezäunten **Schwarzwildgeheges** hinab zu einer Kreuzung. Hier biegen wir am Schild Schwarzwildgehege (397 m) 4 links ab. Jetzt steigt unser Weg eine Weile stetig an.

Wir kommen an einem kleinen Brunnen vorbei, danach ignorieren wir den links abgehenden Weg und wandern geradeaus weiter. In vielen Windungen gehen wir nun hinauf zu einer **Kreuzung** mit dem **Fohlenweideweg** 5. Auf diesem Weg (zweiter Weg von links) gehen wir weiter.

An der Verzweigung beim Schild **Fohlenweide** (477 m) 6 halten wir uns rechts. Dem kurz darauf querenden **Hauffweg** folgen wir nach links abwärts. Wir durchqueren das **Wildgatter** und gehen geradeaus stetig bergab.

Fohlenweide

Das Waldstück Fohlenweide kam zu seinem Namen, weil hier früher die jungen Pferde des Klosters Bebenhausen weideten.

Bebenhausen

Wenn eine Tour, so wie diese, das alte Kloster Bebenhausen berührt, dann lockt sie ganz besonders. Schließlich gibt es hier einiges zu besichtigen. Das Kloster ist eine der am besten erhaltenen Klosteranlagen Deutschlands, gelegen in typisch zisterziensischer Lage in der Waldeinsamkeit in einem weiten Talkessel. Es wurde vermutlich 1181 gegründet, 1305 erhielt es Reichsunmittelbarkeit. Wie alle Zisterzienser wussten auch die hiesigen Mönche zu wirtschaften: Von allen Klöstern, die 1534/35 von Herzog Ulrich bei der Einführung der Reformation in Württemberg aufgelöst wurden, war Bebenhausen mit seinen 8600 Untertanen das reichste. Im Kloster selbst wurde ab 1556 eine der evangelischen Klosterschulen, ein »Höheres Seminarium«, untergebracht, das bis 1807 bestand. Einer der Schüler war der Philosoph Friedrich Wilhelm Schelling. 1868 wurde im engeren Klosterbezirk das ehemalige Gästehaus in ein königliches Jagdschloss umgebaut. Im früheren Herren- oder Gästehaus richtete man 1868–1870 private Räume für das Königspaar Karl und Olga ein. Das Jagdhaus wurde 1918 nach der Abdankung des letzten Königs, Wilhelm II., dessen Wohnsitz. Hier verstarb er 1921, wie auch 1946 seine Witwe, Königin Charlotte. Nach dem Zweiten Weltkrieg war von Juni 1947 bis 1952 auf Anweisung der französischen Besatzungsmacht hier der Landtag von Württemberg-Hohenzollern untergebracht. Dieser Landtag war damals das billigste Landesparlament in Deutschland – er kostete jeden Einwohner nur 22 Pfennige im Jahr! Heute befindet sich im Kloster ein Zweigmuseum für mittelalterliche Kunst des Württembergischen Landesmuseums. Auch das Schloss, letzter Wohnort des »gelernten Königs«, kann besichtigt werden. Außerdem findet man im Schreibturm ein Informationszentrum über den Naturpark Schönbuch. Seit 1975 ist die gesamte Ortschaft Bebenhausen unter Denkmalschutz gestellt und mit Bauverbot belegt – damals war dies einmalig in Baden-Württemberg.

INFOS

www.naturpark-schoenbuch.de, www.kloster-bebenhausen.de

Bus

Parkplatz südlich von Tübingen-Bebenhausen an der L1208. GPS 48.557786, 9.064856

Ausweichparkplätze findet man etwas nördlich von Bebenhausen an der L1208 in Richtung Dettenhausen oder, wenn man in den Ort hineinfährt, gleich rechts, unterhalb des Schlosses.

Schließlich erreichen wir am Schild **Schwefelbrünnele** (370 m) das Große Goldersbachtal. Wer gleich zurück will, hält sich auf dem Weg ein paar Meter weiter vorne links. Anderenfalls machen wir einen kleinen Abstecher auf dem nach rechts in den Wald hineinführenden Weg. Nach ein paar Minuten geht es nach links hinab zum **Schwefelbrünnele** und dem idyllischen **Ilgenloch** 7 (s. a. Tour 3).

Davor verläuft der durch das Goldersbachtal führende und meist recht belebte Weg. Auf ihm gehen wir nach links zurück. Nach einiger Zeit sehen wir rechts den **Bücherbaum** 8 (s. a. Tour 3).

Am bekannten Schild **Alte Straße** 2 müssen wir überlegen, was wir machen wollen. Wer die Tour beenden will, biegt rechts ab und spaziert zurück zum **Ausgangspunkt**. Man kann aber auch den Ort Bebenhausen oder das Kloster besichtigen. Ins Zentrum mit der Kirche gelangt man wie eingangs beschrieben.

links: Auf der Wanderung kommt man an einem der Wildgehege vorbei.

rechts: Die alte Uhr über den Maßwerkfenstern im Kloster Bebenhausen lässt einen die Zeit vergessen.

Der Geschichtliche Lehrweg Einsiedel

5

Schönbuchgeschichte und Erinnerungen an die Römer

3½ Std.

12,4 km

190 Hm

Wanderparkplatz – Einsiedel – Historischer Lehrpfad – Parkplatz in der Sohl – Rübgarten – Wanderparkplatz

Die Wanderung verläuft überwiegend auf festen Wegen, über kurze Strecken auf Pfaden. Da man am Schluss einen Bach auf Trittsteinen überquert, sollte man sie nicht nach starken Regenfällen oder sonstigen nassen Witterungsbedingungen unternehmen.

Schloss, historische Steine und römische Denkmale

Schloss Einsiedel

Der Geschichtliche Lehrpfad Einsiedel und die Rodungsinsel mit dem gleichnamigen Schlösschen und ehemaligem Kloster bilden den historischen und sehr lehrreichen Mittelteil dieser Wanderung. Hier erfährt man viel über die Geschichte des Schönbuchs wie auch über die Zeit der Römer im Land. Dazwischen wandert man durch prächtige Waldgebiete und Streuobstwiesen, hat eine weite Aussicht bis zur Schwäbischen Alb und kommt am Schluss noch einmal zu einem Weg mit weit zurückreichender Geschichte.

Wir folgen von dem kleinen **Parkplatz** 1 an der Bundesstraße aus erst etwas dem parallel zur B 297 verlaufenden Weg, der aber kurz darauf als **Schlosssteige** nach rechts hochzieht. Bald unterqueren wir das große Brückenbauwerk der B 464, danach der B 27. Danach ignorieren wir zwei rechts abgehende Wege, halten uns aber am dritten (**Sickenhäuserweg** bzw. **Dürrenbergallee**) **rechts** 2. Links sehen wir bald einen Grenzstein von 1823, später mündet von rechts der Panoramaweg ein.

Einsiedel

Der Name Einsiedel stammt von einer alten Einsiedelei. Das ehemalige Jagdschlösschen ließ sich Herzog Eberhard im Bart 1482 erbauen; vorher bestand hier seit dem Jahr 1460 schon ein Gestüt. In der Nähe, in dem ehemaligen Stift St. Peter, waren zum ersten Mal in der Gegend die »Blauen Mönche« zu finden. Diesen Orden der »Brüder vom gemeinsamen Haus« hat Graf Eberhard im Bart mit Hilfe niederländischer Ordensbrüder im Land eingerichtet. Der Sage nach hat Graf Eberhard im Bart 1463 einen Weißdorn von seiner Pilgerfahrt nach Jerusalem mitgebracht und hier eingepflanzt. Allerdings begann dieser bereits um 1700 abzusterben und musste von 40 steinernen und hölzernen Säulen, auf denen drei rundumlaufende Gesimse lagen, gestützt werden. Reste der steinernen Säulen dienen heute als Füße für Tische und Sitze. Das Stift verlor nach dem Tod Eberhards an Bedeutung. Es wurde 1516 in ein weltliches Chorherrenstift umgewandelt und 1534, im Rahmen der Reformation, aufgehoben. 1537 wurden Steine des Stifts zum Schlossbau nach Tübingen gebracht. 1580 brannte es ab, seine Ruinen dienten anschließend als Steinbruch. Bis auf den heute noch stehenden Flügel fiel das Schloss im Mai 1619 einem Brand zum Opfer. Herzog Johann Friedrich beauftragte noch im selben Jahr Heinrich Schickhardt mit dem Wiederaufbau. Die endgültige Gestaltung der Arkadenlauben geht auf Herzog Karl Eugen zurück.

Gleich darauf biegen wir an einem querenden Weg rechts ab 3. Etwas später queren wir vor der **Informationstafel** des **Geschichtlichen Lehrwegs Einsiedel »Waldgerechtigkeiten«** 4 die Schlierbachsteige und gehen **links der Tafel** im Altenburger Weg weiter. Wo es wieder ansteigt, liegt links ein idyllischer kleiner Waldweiher. Wir gehen hoch zum **Waldrand** 5, wo wir die **Tafel Waldgeschichte** sehen. Rechts davon steht einen Grenzstein mit der württembergischen Hirschstange von 1823 und daneben die Baumscheibe einer 300 Jahre alten Eiche, in der geschichtliche Ereignisse eingraviert sind.

Danach wandern wir zwischen den Feldern bis zum **Hofgut Einsiedel** mit dem **Schlösschen**.

Am Schild **Parkplatz Einsiedel** (424 m) 6 biegen wir rechts ab. Gleich darauf zieht der Weg am Schild **Einsiedel Nord** (426 m) nach links. 100 Meter danach, noch vor der Straße, biegen wir rechts ab in einen unbefestigten Weg und folgen ihm zum Waldrand. Hier gehen wir an der Tafel **Der Schönbuch** nach rechts und folgen dem Wanderzeichen **roter Balken** auf einem Pfad, der bald rechts abknickt. Nun befinden wir uns auf dem Wall einer keltischen **Viereckschanze**. Der Weg knickt wieder links ab und bringt uns zur Tafel Viereckschanze. Danach erreichen wir das **Judensträßchen** 7, in das wir rechts einbiegen.

Sehenswertes im Wald: Bildnis der römischen Göttin Herekura.

Gleich nach einem links abgehenden Weg steht links die kleine Skulptur der römischen **Göttin Herekura** (8). Danach folgt die Tafel **Die Jagd**, dann quert der Einsiedlerfußweg. Nach ihm führt nach links ein Pfad zu einem **Schlüsselstein** des Klösterchens Einsiedel (9), kurz danach ein Pfad zu einem römischen **Viergötterstein** (10). Es folgen die Tafel **Waldweide**, danach links die Tafel **Grabhügel**. Der größte der hier in der Umgebung liegenden Grabhügel liegt gleich hinter der Tafel.

An der **Kreuzung** (11) dahinter biegen wir links ab. Bald quert ein Forstweg, danach verlassen wir nach einer Schranke den Wald und wandern durch Streuobstwiesen. Dem nächsten **querenden Weg** (12) folgen wir nach rechts. Es geht am Wanderschild Rote Wiesenäcker (396 m) vorbei, danach fällt der Weg ab. Am nächsten links abgehenden Weg steht ein **Gedenkstein** zum Jubiläum »650 Jahre Rübgarten« (13). Hier biegen wir links ab. Nach rechts haben wir eine schöne Aussicht nach Rübgarten und zur Schwäbischen Alb mit der markanten Achalm im Vordergrund.

Wo der mit dem **roten Balken** markierte Weg rechts abknickt, wandern wir **geradeaus** weiter zum Waldrand und geradeaus in den Wald (14) hinein, nun mit dem **blauen Balken** in Richtung **Parkplatz in der Sohle**. Der Weg zieht bald nach rechts, wir ignorieren, dass danach links ein Weg abgeht

Auf der Baumscheibe kann man wichtige historische Daten ablesen.

und verlassen nach einem querenden Bach den Wald. Über Wiesen geht es nun zum **Parkplatz in der Sohl** (374 m) 15.

Wir halten uns rechts zum Schild **In der Sohl** (376 m), dort biegen wir rechts ab. Nun wandern wir bis zu einem Querweg nach zwei großen Scheunen. Dort biegen wir links, kurz danach **rechts** 16 ab. Am nächsten Querweg gehen wir nach links bis vor die Häuser von Rübgarten, dort steht das Schild **Gromergarten** (368 m) 17. Hier biegen wir rechts ab.

Nun geht es bis zu den Häusern von Rübgarten. Nach dem ersten Haus biegen wir rechts ab in den **Mühleweg** 18. Er führt bergab zu einem Stall. Nach diesem biegen wir zwischen zwei kleinen **Holzscheunen** 19 links ab. Wir

Idylle in den Streuobstwiesen.

wandern nun durch Wiesen bis zum Wald und in ihn hinein. Bald geht der Naturweg in einen breiten Forstweg über. In einer ansteigenden **Linkskurve** zweigen wir rechts ab 20.

Nun fällt der Weg wieder ab und weist bald eine grobe Pflasterung auf. Eine **Tafel** 21 erklärt uns, dass wir uns nun auf dem »Historischen Weg durch die Teufelsklinge« befinden und berichtet von seiner Geschichte. Danach sehen wir sogar Karrenspuren in der Pflasterung. Der Weg geht nun in einen Pfad über und wir wandern bald links des Reichenbachs. Wir überqueren einen **Zulauf auf Trittsteinen** und treffen bald auf einen **breiten Forstweg**. Ihm folgen wir nach rechts.

Nach den beiden Brücken der bekannten Bundesstraßen erreichen wir wieder unseren Ausgangspunkt.

INFOS

www.naturpark-schoenbuch.de

Bahn bis Reutlingen, dann Bus bis Rübgarten Mitte

Pliezhausen, Parkplatz an der Kreuzung B 297 und K 6764, GPS 48.551502, 9.176796

Ausweichparkplätze: Domäne Einsiedel, Parkplatz Rotes Tour, Parkplatz in der Sohl

Der Hagellocher Birnenweg

6

Streuobstwiesen mit Aussicht

1½ Std.
5,7 km
100 Hm

Tübingen-Hagelloch/ Parkplatz Bogentor – Hölzlestor – Heuburger Tor – Hofgut Rosenau – Hagelloch – Parkplatz

Die Wanderung verläuft meist auf festen Wegen, nur manchen Abstecher zu einem der nummerierten Bäume und einen Teil des Weges geht man auf Naturpfaden.

Aussicht, Obstbäume

Hofgut Rosenau, Schützenhaus, Grüner Baum, Hagelloch

Ein Erlebnis der besonderen Art ist der Hagellocher Birnenweg. Für tiefergehendes Wissen sorgt die Begleitbroschüre des Birnenwegs, die an den Ausgangspunkten ausliegt. In ihr ist auch eine Karte mit den Standorten der Bäume enthalten. Die Nummern findet man in Nistkästen an den Bäumen. Manchmal muss man diese auch etwas suchen.
Der Weg führt am Rande des Schönbuchs durch die Streuobstwiesen des Tübinger Teilorts Hagelloch und bietet neben pomologischen Erkenntnissen immer wieder eine herrliche Aussicht: Über die Streuobstwiesen sieht man nach Hagelloch, von manchen Stellen hat man die Wurmlinger Kapelle im Blickfeld und im Hintergrund sieht man ständig die »Blaue Mauer« der Schwäbischen Alb.

Die Streuobstwiesen zeigen eine reich strukturierte Landschaft, in der man immer wieder Details entdeckt.

Wir folgen ab dem **Parkplatz Bogentor** bei **Hagelloch** 1 dem Weg entlang des Waldrands in östliche Richtung. Gleich nach dem Parkplatz wird man schon mit dem **Wanderzeichen des Birnenwegs** nach rechts zu den ersten markierten Bäumen verwiesen.

INFOS

Wichtig: Nötig zum Finden des Weges ist die Begleitbroschüre, die man sich beispielsweise auf der Internetseite des Dorf- und Kulturvereins Hagelloch e. V. (www.doku-hagelloch.de) herunterladen kann. Da nie sicher ist, ob an den Ausgangspunkten genügend Broschüren bereit liegen, empfiehlt es sich, sich die darin enthaltene Karte vor der Wanderung auszudrucken.

www.doku-hagelloch.de

Bahn bis Tübingen, Bus bis Hagelloch

Tübingen-Hagelloch, Parkplatz am Bogentor, GPS 48.546531, 9.012325

Danach erreicht man das **Hölzlestor** (485 m) 2. Nach diesem machen wir wieder einen Abstecher nach rechts zu markierten Bäumen.

Wir kommen am Schild Millionensträßle (481 m) vorbei und erreichen den Parkplatz **Heuburger Tor** (483 m) 3. Dort finden wir am Waldrand eine **Infotafel** zum Birnenweg. Rechts an ihr vorbei wandern wir im Wald weiter. Der Weg geht bald in einen Naturpfad über und wir erreichen einen querenden, **breiten Weg**. Auf ihm gehen wir nach rechts steil hinab bis zu einer Straße. Wir biegen am **Kreisverkehr** 4 rechts ab und spazieren zum **Hofgut Rosenau**. Hinter der linken Ecke des Parkplatzes steht Baum 13. Dem Weg weiter folgend kommen wir bald zum **Schützenhaus**.

Wir wandern links an ihm vorbei in den **Wald**. Danach biegen wir **rechts in eine Straße** ein und gehen hinauf bis zu einer Verzweigung mit **Baum 14** 5. Hier spazieren wir rechts weiter, vorbei an großen Scheunen. Bald kommen wir hinein nach Hagelloch. Dort biegen wir am Brunnen links ab in die Straße **Am Dorfbrunnen**. Sie bringt uns zu **Rathaus und Kirche** 6. Hier halten wir uns rechts in die **Obere Gasse**. Später geht sie in die Straße **Wahlhau** über.

Vor dem Wald biegen wir rechts ab in die **Panoramastraße** 7. Bei **Haus 14** orientieren wir uns links, hier steht auch Baum 15. Der Weg zieht rechts des Waldrands hinauf. Bald sehen wir rechts im Wald Baum 16. Danach knickt der Weg am **Wasserbehälter** rechts ab. Wir folgen ihm links des Wohngebiets bis wir auf einen asphaltierten **Weg nach rechts** verwiesen werden. Bald geht es auf einer Treppe hinab zur **Panoramastraße** und dort nach links zur **Entringer Straße**. Auf ihr geht es nach links zurück. Vorher sehen wir aber kurz nach der Panoramastraße rechts hinter einem Feld **Baum 17**.

links: So sind die beschriebenen Bäume markiert.

rechts: Blick über die Streuobstwiesen nach Hagelloch.

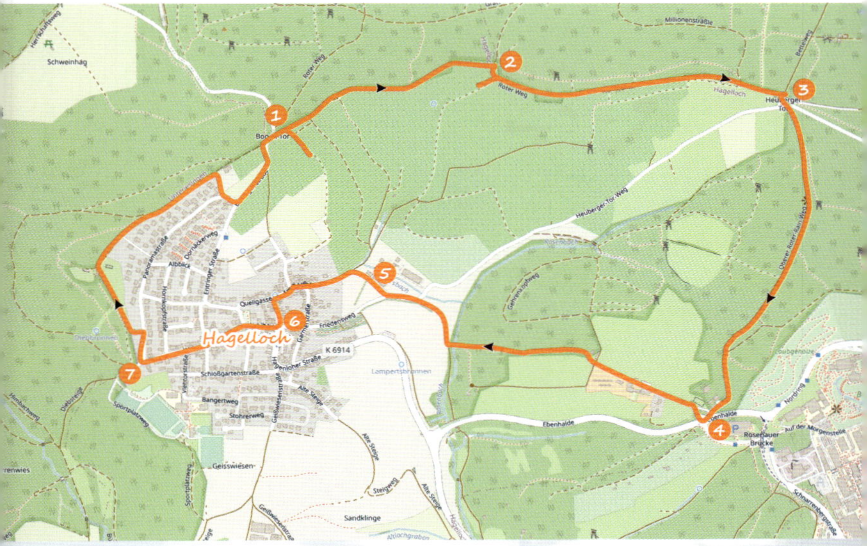
1
2
3
4
5
6
7
Schweinhag
Millionenstraße
Roter Weg
Hagelloch
Heuberger-Tor-Weg
Panoramastraße
Dornäckerweg
Albblick
Entringer Straße
Quellgasse
Friedensweg
Hagelloch
K 6914
Schloßgartenstraße
Bangertweg
Stohrerweg
Alte Steige
Steigweg
Sandklinge
Geisswiesen
Sportplatzweg
Lampertsbronnen
Ebenhalde
Rosenauer Brücke
Nordring
Auf der Morgenstelle

Neckar- und Seitentäler

Neckar- und Seitentäler

Dieser Abschnitt des Buches führt in einen ganz anderen Bereich des Landkreises Tübingen. Weit weg von den bewaldeten und ausgedehnten Schönbuchtälern und hinein ins eher liebliche Tal des Neckars und der Ammer.

Hier fließt die Ammer nördlich des Neckars und direkt südlich des Schönbuchtraufs. »Das Leben ist kein Jammertal – am wenigsten im Ammertal«, schrieb der dichtende Ochsenwirt namens Spät aus Tübingen im 19. Jahrhundert. Der Name der Ammer kommt aus dem keltischen und bedeutet »Wasserlauf« (amb = indogermanisch Wasser). Sie entspringt bei Herrenberg im Kreis Böblingen aus drei Quelltöpfen auf 401,3 Meter ü. NN mit einer durchschnittlichen Schüttung von 20 l/sec, fließt durch ein Tal mit sanften Hügeln und schroffen Flusseinkerbungen und mündet bei Lustnau in den Neckar, nachdem sie noch kurz zuvor den Goldersbach aufgenommen hat. Mit dem Ammerkanal, der westlich beim Schwärzloch abzweigt, durchfließt sie das alte Tübingen.

Die Ammerquellen bei Herrenberg sind Karstquellen, das Wasser kommt aus dem verkarsteten Gebiet des Oberen Muschelkalks im Norden und Nordwesten.

Unter Karst versteht man – einfach gesagt – einen »durchlöcherten« Untergrund aus Kalkgestein. Durch die porösen Felsen fließt das Wasser ab, durch Auflösung des Gesteins bilden sich Höhlen und die Oberfläche ist »verkarstet«, also trocken. Bestes Beispiel ist hier die Schwäbische Alb, die auf ihrer Oberfläche trocken und wasserarm ist, und wo unter der Oberfläche viele Höhlen durch Auswaschung entstanden sind. Brechen die Decken dieser Höhlen im Laufe der Zeit ein, entstehen Dolinen. Wo das Wasser dann in der Tiefe auf einen wasserundurchlässigen Untergrund stößt, kann es nicht mehr weiter versickern und tritt an geeigneter Stelle an die Oberfläche – dies ist dann die Karstquelle. Zusammen mit den prächtigen alten Bäumen bieten die Quellen einen idyllischen Anblick.

Die »Charte von Wirtemberg« von 1799 von J. G. F. Bohnenberger zeigt noch zwölf Mühlen, wovon heute nur noch wenige in Betrieb sind. »Schwäbisches Arkadien« wurde das Ammertal mit seinen alten Weingärtnergemeinden am südlichen Schönbuchtrauf schon einmal genannt. Und wirklich: Wer an einem heißen Sommertag das Tal, seine Orte oder die Hänge mit den Weingärten aufsucht, wird merken, dass diese Bezeichnung so falsch nicht ist!

In diesem Kapitel wird das Unterjesinger Wengertwegle am südlichen Schönbuchabhang beschrieben. Es verläuft durch die Weinberge und bietet einen herrlichen Blick in das Ammertal und zur Wurmlinger Kapelle. Eine weitere Besonderheit des Ammertals ist der Kochhartgraben bei Reusten, ein recht uriges Stück Natur mit markanten Felsen und einem kleinen Bachlauf.

Die berühmte und gedichtumrankte Wurmlinger Kapelle liegt zwischen dem Ammer- und dem Neckartal. Auch zwei Wege dieses Buches führen zu ihr hin, sie verlaufen wie das Wengertwegle ebenfalls durch Weinberge. Ganz in der Nähe besuchen wir auf einer Wanderung den idyllischen Märchensee, der mitten im Wald liegt und eine ganz eigene Stimmung verbreitet.

Südlich davon fließt der Neckar – ein ganz anderer Fluss als die kleine und eher liebliche Ammer.

»Der Neckar, einer der merkwürdigsten und beträchtlichsten Flüsse unserer süddeutschen Lande, entspringt in den Gründen des Schwarzwaldes, wo sie die hohe Würtembergische Alb begränzen, und zwar auf einer schönen Wiesenflur, die sich oberhalb des Dorfes Schwenningen erstreckt, nur etwa 5000 Schritte von dem Ort, an welchem die Donau ihre Quelle hat. Wie diesem mächtigen Strom war auch ihm die Ehre, dass eine Umfassung

Munter plätschernder Bach im Kochhartgraben

von Steinen, und selbst noch eine Inschrift, die der Herzog Ludwig von Würtemberg 1581 setzen liess, dem Wanderer seinen Ursprung verkündet.«

Karl Gaib: Malerisch-historische Schilderung der Neckargegenden, 1847

Woher der Name des Neckars kommt, ist umstritten. So sollen die beiden Wörter Nixe und Neckar miteinander verwandt sein, denn sie gehen auf das mittelhochdeutsche »nickes« bzw. das mittelniederdeutsche »necker« zurück. Dies bedeutet Wassergeist. Laut anderen Quellen jedoch kommt der Name vom keltischen »nigra«, was heftiges und böses Wasser bedeutet.

Der Neckarursprung befindet sich im Schwenninger Moos, das im zentralen Teil der Baar liegt. Diese Hochebene wird wegen der zahlreichen Moore auch Riedbaar genannt – und eines der dortigen, noch intakt erhaltenen Moore ist eben dieses Schwenninger Moos. Mitten darin liegt der Moosweiher, ein ehemaliger Torfstich, heute Neckarursprung genannt.

Eigentlich war als Quelle des Neckars jahrhundertelang eine andere Stelle bekannt: ein Quellstein im Schwenninger Stadtpark Möglingshöhe. Herzog Ludwig von Württemberg ließ dort bereits 1581 einen Gedenkstein mit den Worten »Das ist des Neckars Ursprung« setzen. Diese Quelle versiegte aber 1895, vielleicht als Folge des Eisenbahnbaus. 1934 wurde der neue Torfweiher gestochen und man »verlegte« den Neckarursprung dorthin.

Unsere Wanderungen entlang des Neckartals verlaufen, grob gesagt, um Rottenburg und nördlich des Rammerts, welchem ein eigenes Kapitel dieses Wanderführers gewidmet ist. Man bewegt sich hierbei zwischen Bad Niedernau bei Rottenburg und Hirrlingen. Der eine Ort ist ein Kurort, der andere ist mit einem mächtigen Schloss geschmückt. Weitere Touren beginnen in Neustetten mit seinem gut gemachten Geschichtswanderweg oder in Bierlingen, von wo man eine weite Aussicht bis zur Schwäbischen Alb hat. Schöne Wanderungen sind um alle diese Orte möglich. Im Gegensatz zum lieblichen Ammertal und dem mit Weinbau gesegneten südlichen Abhang des Schönbuchs bei Unterjesingen ist die Landschaft hier herber, schon von der nahen, kargen Schwäbischen Alb bestimmt.

Im Sommer freut man sich, wenn man in den schattigen Wald eintauchen kann.

Durch den Kochhartgraben bei Reusten

7

Wildes Tal, von Felsen begrenzt

2 ¼ Std.

8,1 km

70 Hm

Ammerbuch-Reusten/Parkplatz beim Bergcafé – Kochhartgraben – auf der Höhe – Gedenkstätte – Parkplatz

In der ersten Hälfte und am Schluss der Tour wandern wir auf Naturpfaden, dazwischen ein Stück auf festen Wegen. Weil man im Kochhartgraben mehrmals den Bach auf Trittsteinen bzw. durch eine Furt queren muss, sollte man die Tour nicht nach starken Regenfällen unternehmen.

Natur und Felsen im Kochhartgraben, Gedenkstätte

Bergcafé

Der von Kalkfelsen eingerahmte Kochhartgraben, der unterhalb des Kirchbergs bei Reusten beginnt, gehört zu den schönsten und sehenswertesten Naturschutzgebieten der Gegend. Wir wandern die Hälfte der Tour durch dieses Tal, danach geht es auf der Höhe mit weiter Aussicht zum Schönbuch und über das Gäu zurück.

Der **Parkplatz** 1 beim legendären Bergcafé in Reusten befindet sich hoch über dem Kochhartgraben. Zu diesem führt ein anfangs steiler Pfad hinab. Unten angekommen, wandern wir eben durch das Tal. Nach links kann man zuerst einen Abstecher zu den Felswänden unterhalb des Bergcafés machen, danach geht es aber in Verlängerung des Abstiegspfads weiter. Rechts sehen wir immer wieder weitere Felsen und auch sonst zeigt sich dieses Naturschutzgebiet mit einer wuchernden Natur von seiner wilden Seite. Ab und zu queren wir die Kochhart auf Trittsteinen oder durch eine Furt.

Schließlich zieht nach rechts ein **Grasweg** 2 hinauf. Hier haben wir zwei Möglichkeiten. Die kurze Variante ist, dass wir diesem Wiesenweg folgen. Oben stoßen wir auf eine **Infotafel zum Kochartgraben** 10, hier kommen spä-

Kochhartgraben

Der Kochhartgraben wurde 1973 zusammen mit dem Kirchberg als Landschaftsschutzgebiet mit einer Größe von 113 Hektar ausgewiesen. Das rund fünf Kilometer lange Tal ist ein ungefähr 50 Meter tiefer Geländeeinschnitt mit einem Bach, Felsen und Kalktrockenrasen. Er ist eines der landschaftlich reizvollsten Täler im oberen Gäu und auch geologisch sehr interessant: im Osten scharf V-förmig eingeschnitten mit einem besonders steilen nördlichen Talhang mit Felsen, im Westen jedoch ein offenes Wiesental. An den steilen, sonnigen Südhängen des Kochhartgrabens wie auch des Kirchbergs findet man Trocken- und Halbtrockenrasen mit der dafür typischen Flora (Kalkaster, Goldaster, Silberdistel, Enzian). Der etwa 500 Meter lange Kirchberg ist ein zwischen dem Kochhartgraben und dem Ammertal liegender, schmaler Bergsporn. Er hat seinen Namen von einer Kirche, die früher bei dem Friedhof auf der Höhe stand, und zählt zu den ältesten Siedlungsgebieten Württembergs. Hier machte man Funde aus der Stein- und Bronzezeit.

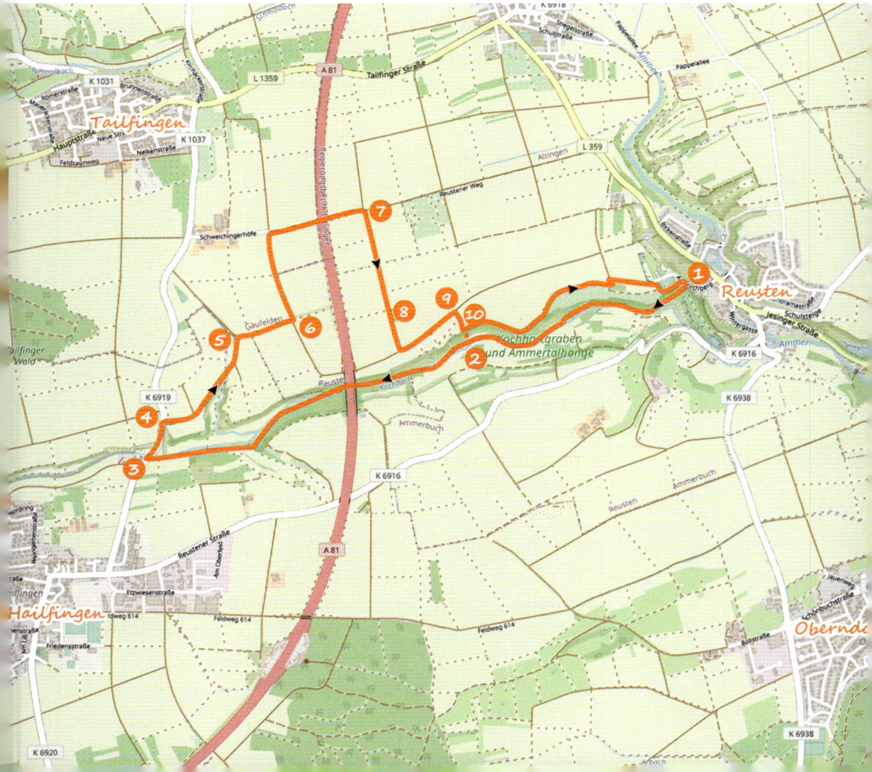

ter auch die Wanderer entlang, die die längere Variante wählen.

Wer die ganze Tour gehen will, hält sich an der Verzweigung links, geht etwas hinunter und überquert den Bach. Danach wandert man weiter entlang des Bachs. Wir unterqueren die A 81 und gehen weiter, nun auf einem breiten Weg, bis zu einer **Landstraße** 3. Ihr folgen wir nach rechts. Nach kurzem Bergauf biegen wir mit dem **Fahrradschild** in den rechts abgehenden **Feldweg** 4 ein.

An einer **Verzweigung** gehen wir links an dem Gehölz vorbei, kurz danach biegen wir bei einer Baumgruppe mit dem **Radwegschild** rechts 5 ab. Jetzt haben wir nach links auch einen schönen Blick zum Schönbuch, nach Tailfingen, Herrenberg und Altingen. Am nächsten **Querweg** 6 halten wir uns links und kurz darauf in Höhe des links liegenden **Bauernhofs** rechts.

Kurz darauf überqueren wir die Autobahn auf einer Brücke. Danach nehmen wir den **rechts abgehenden Weg** 7. Hier sehen wir eine kleine Skulptur, die Teil des unten beschriebenen Gedenkpfads ist, der an die Zeit des Nationalsozialismus in Deutschland erinnert. Etwas später ist links der als Gedenkstätte gestaltete Rest einer **Flugzeughalle** 8 zu sehen.

Durch den Kochhartgraben mäandert idyllisch der Bach.

Danach erreichen wir einen querenden Weg, direkt über dem Kochhartgraben. Wenn wir an den Trauf gehen, blicken wir zu den Felsen und sehen im Hintergrund Schloss Roseck. Wir biegen links ab und gehen bis in eine sanfte **Linkskurve** 9, wo wir uns rechts zu einer **Informationstafel** 10 zum Kochhartgraben halten. Hier vereinigen sich die kurze und die ausgedehnte Variante der Wanderung wieder.

Wir biegen **links ab** und wandern erst auf einem Grasweg, später auf einem Weg mit Schotterstreifen entlang des Steilabfalls zum Kochhartgraben. Später sehen wir vor uns in einiger Entfernung den **Sportplatz**. Wo man in einiger Entfernung den Sportplatz sieht, verzweigt sich der

Gedenkstätte

Die Skulptur und die Reste der Flugzeughalle sind Bestandteile des Gedenkpfads »Auf den Spuren des Konzentrationslagers Hailfingen/Tailfingen«. Die Pfeiler an dieser Stelle erinnern an eine 1944 erbaute Halle für Flugzeuge. Von ihr sind die Fundamente und etliche Pfeiler erhalten. Die Gefangenen, die hier arbeiten mussten, sind namentlich genannt.

INFOS

www.ammerbuch.de

S-Bahn oder Bahn bis Herrenberg oder Tübingen, dann Ammertalbahn bzw. Regionalbahn bis Pfäffingen Bahnhof, weiter mit dem Bus bis Reusten Schulsteige oder Reusten Rathaus

Ammerbuch-Reusten, Am Kirchberg, Parkplatz beim Bergcafé, GPS 48.543956, 8.914917

Weg. Hier halten wir uns rechts und wandern wieder auf einem unbefestigten Weg entlang des Traufs. Wo wir auf das Sportgelände treffen, gehen wir rechts an dem **Haus** vorbei. An der **Verzweigung** nach ihm halten wir uns rechts und kommen hinab zum **Parkplatz**.

Wer will, kann sich jetzt in dem geschichtsumrankten Bergcafé erholen oder sich in Reusten umsehen.

Der Kochhartgraben ist von markanten Felsgebilden umgeben.

Bergcafé

Das legendäre Bergcafé in Reusten wurde von zwei Schwestern Anfang der 1950er Jahre erbaut und entwickelte sich unter ihrer Leitung zu einem beliebten und außergewöhnlichen Ausflugsziel. Dies erkannte auch DIE ZEIT, die 1992 schrieb: »Die Gaststätte auf der Höhe lag schon immer außerhalb der Zeit.« Informationen über diese Einkehrstätte findet man hier: www.bergcafe-reusten.de

Reusten

Zu Reusten stand in der Beschreibung des Oberamts Herrenberg von 1855 unter anderem, dass es ein »... nicht unfreundliche(r) Ort ...« wäre. Der Ort wird im Süden vom Kirchberg, einem langgestreckten Bergsporn, um etwa 50 Meter überragt. Man machte hier vor- und frühgeschichtliche Funde aus der Altsteinzeit (Zahn eines Wollnashorns), der Jungsteinzeit (Grab, Siedlung, Werkzeuge), der Bronzezeit (Siedlungsreste), der Urnenfelderzeit (Gussform eines Beils), der Hallstattzeit (Körpergrab) und außerdem auch aus der Römer- (Baureste) und der Alamannenzeit (Reihengräberaus dem 7. Jahrhundert). Im Mittelalter stand eine Burg auf diesem Bergsporn. Geologisch interessant ist hier der Verlauf der Ammer: Nördlich von Tübingen und südlich von Herrenberg fließt sie in einem breiten, in den eiszeitlichen Kaltzeiten eingetieften Tal. Hier, im mittleren Bereich um Reusten, ist dieses jedoch auffallend eng. Der Grund ist der sogenannte Reustener Horst oder Reustener Sattel; diese Ausbeulung des Untergrunds im Muschelkalk verläuft rund 40 Meter über der Talsohle und hat einen ovalen Grundriss von zwei bis vier Kilometern Durchmesser. Das in einem Kastental liegende Flüsschen fließt mitten hindurch. Reusten hat eine recht reizvolle Lage in einer Schlucht im Zentrum des Sattels.

1150 wurde der Ort als »Rusten« erstmals genannt, 1333 und 1369 als »Raystingen«, später auch »Rusten« oder »Ruisten«. Reusten hatte erst wechselnde Besitzer, bis es in den Besitz der Tübinger Pfalzgrafen überging, die das Dorf 1292/93 an das Kloster Bebenhausen verkauften. Mit dem Verkauf Tübingens fiel es 1342 an Württemberg. Als 1534 das Kloster aufgehoben wurde, kam der Ort an das Klosteramt, wo er bis 1807 verblieb.

Ein seltenes und frühes Beispiel für eine Umnutzung ist die heutige evangelische Kirche, die 1760 aus einer 1575 erbauten Kelter hervorging. Die verputzten, auskragenden Giebelgeschosse waren ursprünglich Sichtfachwerk. Auf den Emporenbrüstungen (1760) sieht man bäuerliche Malerei. Die Glasmalereien stammen von Adolf Saile. Das Pfarrhaus (Poltringer Straße) stammt von 1824. Etliche Häuser im Ort erinnern an den früheren Weinbau, der bis 1825 betrieben wurde.

Unterjesinger Wengertwegle

8

Zwischen Streuobstwiesen, Wald und Weinbergen

2 Std.

6 (7,4) km

240 Hm

Unterjesingen/ Friedhof – Bayler Kap – Himbachtal – Wägner Kap – Baylerberg – Friedhof

Die Wanderung verläuft meist auf Pfaden, zwischendurch aber auch auf geschotterten oder asphaltierten Wegen.

Weinberge, Aussicht mit Blick zur Wurmlinger Kapelle, ins Ammertal und auf Unterjesingen

Unterjesingen

Entgegen mancher Vermutung verläuft der Premium-Spazierwanderweg Wengertwegle nicht nur ausschließlich in Weinbergen. Sondern auch Streuobstwiesen und Wald sind prägende Elemente dieser Wanderung. Am schönsten auf der Tour sind sicherlich die Blicke von unterwegs über die Weinberge ins Ammertal, zur Wurmlinger Kapelle und hinab nach Unterjesingen.

Die alten Weinberghäuschen ergänzen sehr schön das idyllische Gesamtbild.

Wir parken am Parkplatz des Sportheims oder kommen mit der Ammertalbahn zur Haltestelle Unterjesingen-Mitte und folgen den ausgeschilderten Zuwegen bis zum **Friedhof** 1 von **Unterjesingen**. Hier steht schon eine Tafel mit dem Übersichtsplan der Wanderung. Kurz hinter dem Friedhof biegen wir am Wanderschild **Nördlich Kirchhalde** (378 m) links ab. Der Weg fällt etwas ab, dann gehen wir am Schild **Spielberg** (373 m) vorbei. Nach einer Rechtskurve wandern wir über einen aussichtsreichen Höhenrücken und zwischen Streuobstwiesen hindurch. Nach links bietet sich uns immer wieder ein Blick zum Schloss Roseck.

Grubbank

Auch Ruhbank, Gruh-, oder Krugstatt genannt (von schwäbisch gruaba = ruhen). So werden Sandsteinbänke genannt, die für Lastenträger, Händler, Handwerker oder Marktfrauen an vielbegangenen Wegen und nach Steilstrecken gebaut wurden. Da die Leute früher arm waren, erfolgten Transporte oft auf dem Kopf, außerdem waren die Straßen in einem schlechten Zustand. Die Frauen trugen ein »Bäuschle« auf dem Kopf, eine Art gepolsterten Untersetzer. Eier, Obst und Gemüse wurden in »Zainen« oder »Krätten« zum Markt getragen, Flüssiges wie Most oder Wein in »Gelten«. In großen Tüchern, sogenannten »Plundern«, holte man Holz, Stroh oder Streu vom Feld oder aus dem Wald. Meist sind die Bänke im 17. und 18. Jahrhundert, die Mehrzahl wohl zwischen 1780 und 1840, entstanden. Es sind aber auch 300 Jahre alte Bänke bekannt. Sie sind etwa 2,5 Meter lang, 1,30–1,50 Meter hoch, haben zwei Stufen und erleichtern das Absetzen der oft auf dem Rücken getragenen oder dem Kopf balancierten Warenkörbe. Daneben befindet sich eine etwa 50 Zentimeter hohe Sitzbank. Über zwei mächtigen Pfeilern liegt der Sturzstein, befestigt mit einer steinernen Verzapfung, Klammern oder Bolzen aus Eisen. Zu finden sind sie im Neckarland zwischen Calw und Böblingen bis Heilbronn und Bretten, nach Osten bis in den Rems-Murr-Kreis, wenige auch im Tübinger und Reutlinger Raum, außerdem im Nordelsass.

Wo der mit dem **roten Kreuz** markierte Weg quert, sehen wir eine alte **Grubbank**.

Bald danach treffen wir auf eine Straße. Wir halten uns kurz rechts, biegen aber gleich am Schild **Schlagert Nord** (399 m) 2 links in den Wald ab. Nun wandern wir durch einen Hohlweg hinauf zum Schild **Bayler Kap** (435 m) 3. Hier können wir nach rechts hinausgehen, denn dort bietet sich der erste herrliche Blick über die Weinberge. Auch eine Informationstafel zu Geologie und Landschaft finden wir hier.

Der Weg führt uns zum Schild **Rotsteig Süd** (461 m); hier können wir ebenfalls nach rechts hinausgehen. Dort finden wir sogar eine Ruheliege. Danach folgt das Schild **Rotsteig Südost** (470 m). Am folgenden Schild **Rosecker Häselloch** (477 m) halten wir uns rechts. Wir kommen zum Schild **Obere Gôgenhalde** (477 m) 4. Hier biegen wir an dem eingezäunten Grundstück links ab. Immer wieder haben wir nun eine schöne Aussicht ins Ammertal.

Bald erreichen wir eine Asphaltstraße, der wir nach rechts, also in Gehrichtung, folgen. Am gleich darauffolgenden Schild **Häselloh** (471 m) 5 biegen wir links ab. Danach gehen wir an der Kreuzung mit dem Schild **Häselloh** (470 m) geradeaus weiter, vorbei an der Tafel Buchenwälder.

Schon im Sommer gibt der Anblick der saftigen Weintrauben einen Vorgeschmack auf den Herbst.

Etwas später müssen wir aber aufpassen: Am Schild **Leiser Ost** (438 m) 6 zweigen wir rechts ab auf einen Pfad. Er führt uns steil bergab zum Waldrand. Dort verlassen wir beim Schild **Schmiedshölzle** (410 m) 7 den Wald und wandern über die Wiese zum Schild **Himbachtal** (392 m) 8. Wir halten uns links, gleich wieder rechts und kurz darauf wieder rechts. Auch jetzt müssen wir gut auf den Weg achten, denn es geht ohne einen richtig zu erkennenden Weg hinab zu dem breiten Feldweg im Tal. Dort orientieren wir uns am Schild **Himbachtal** (371 m) 9 rechts.

Vor dem Wald halten wir uns am Schild **St. Johann Mitte** (378 m) an den linken Grasweg. Er führt uns in den Wald. Dort kommen wir am Schild **St. Johann West** (400 m) vorbei. Wir gehen hinauf zu einem Querweg, wo das Schild **bei der Hirschhalde** (451 m) 10 steht. Wer will, macht hier nach links einen Abstecher von 200 Metern zum Rastplatz Alter Sportplatz.

Anderenfalls wandern wir geradeaus weiter. Nun wandern wir am Trauf entlang, haben aber nur ab und zu einen Blick über die Landschaft. Beim Schild **Sonnenhalde West** (450 m) überqueren wir eine Straße. Dahinter geht es auf einem Pfad steil bergab zur Straße und dem Schild **Wägner**

Blick durch das Ammertal zur Wurmlinger Kapelle; dahinter liegen der Rammert und die Schwäbische Alb.

Unterjesingen

Für eine frühe Besiedlung des Ortes sprechen die vor- und frühgeschichtlichen Funde aus der Jungsteinzeit. Außerdem gibt es auch Funde aus der Römer- und Alamannenzeit. Erstmals erwähnt wurde der Ort um 1000 als Jesingen; dies kommt vom Personennamen »Uoso«, was für eine Gründung in der Alamannenzeit spricht. Erst ab 1810 wurde das »Unter« vorangestellt, um den Ort besser von Oberjesingen bei Herrenberg unterscheiden zu können. Unterjesingen ist wohl eine der ältesten Siedlungen des Ammertals. Das Dorf gehörte seit dem 14. Jahrhundert zur Burg Roseck, wo das Kloster Bebenhausen einen Pfleghof hatte. Noch um 1820 mussten die Unterjesinger Bauern diesen mit Brennholz versorgen. Schon im 13. Jahrhundert gab es hier, betrieben von den Klöstern Marchtal und Bebenhausen, umfangreichen Weinbau. 1623 existierten hier vier Keltern. Auch das Schweizer Kloster Kreuzlingen besaß Güter in Unterjesingen.

Die zierliche spätgotische Pfarrkirche St. Barbara ist eine Chorseitenturmanlage. Der heutige Kirchenbau entstand 1470–1494. 1894 wurden Umbauten von Heinrich Dolmetsch vorgenommen. Bemerkenswert an der Innenausstattung sind die Aposteldarstellungen, Epitaphien und Grabsteine. Die Ummauerung ist wohl ein Rest der früheren Wehranlage.

Das Rathaus stammt von 1750 und besitzt drei Rundbogentore, die Schlusssteine der Tore sind mit Wappen, die Fassade mit einem Fugennetz versehen. Im Ort sieht man stattliche Fachwerkhäuser mit Rundbogeneinfahrten und Höfen, vor allem entlang der Hauptstraße.

Das Keltermuseum Unterjesingen, Kirchhalde 10, sitzt in der einzigen heute noch erhaltenen Kelter, der Rosecker Kelter (1784). Schwerpunkt des Heimatmuseums ist der Weinbau. Zu sehen ist auch der Grabstein des Forstwächters Konrad Hausch (1849–1883) (s. a. Tour 2). Der sehenswerte (Schilfsand-) Stein ist als Baumstamm gearbeitet; als Symbole der Jagd sind Jagdhorn und Jagdtasche eingemeißelt.

Kap (440 m) 11. Nach links kommen wir zu einem Aussichtspunkt hinter dem Häuschen. Hier sehen wir auch die Tafel »Reiche Natur aus Weinbaukultur«.

Ansonsten gehen wir weiter auf einem Pfad abwärts. Er zieht beim Schild **Letze Ost** (419 m) nach rechts, danach beim Schild **Untere Mönchhütte** (404 m) 12 nach links. Nun wandern wir unterhalb der Weinberge weiter. Nachdem es etwas bergab ging, steigt es auf einer Straße wieder an. Vorbei am Schild untere Mönchhütte (402 m) kommen wir zu links des Weges liegenden **Wohnhäusern**. Nach ihnen gehen wir am Schild **Weinsteige** (399 m) nach rechts bergauf.

Nach dem Schild Meierle (410 m) begeben wir uns am Schild **Obere Mönchhütte** (420 m) links auf einen Pfad. Gleich am Abzweig deutet die rote und zart blau-grüne Farbe des Gesteins auf einen Aufschluss von Bunter Mergel hin. Vorbei an einer Tafel zum Weinbau in Unterjesingen kommen wir zum Schild **Untere Gôgenhalde** (440 m) 13. Weiter durch die Weinberge erreichen wir das Schild **Obere Schneckaschäle** (398 m). Hier geht es nach links steil hinab zum Friedhof. Auf diese Weise gelangen wir zu dem leicht nach links versetzten Parkplatz.

INFOS

www.tuebingen-info.de, www.früchtetrauf-bw.de

S-Bahn oder Bahn bis Herrenberg oder Tübingen, dann Ammertalbahn bis Haltestelle Unterjesingen Mitte

Tübingen-Unterjesingen, Startpunkt Friedhof, Parkplatz am Sportheim, Wiesweg, GPS 48.523830 8.975240

Von Wendelsheim zum Pfaffenberg 9

Der Märchensee – ein See wie im Märchen

1 ¼ Std.
4,7 km
110 Hm

Wendelsheim – Aussichtsterrasse – Märchensee – Steinbruch – Pfaffenberg – Wendelsheim

Leichte Tour auf festen Wegen und Pfaden; auf dem Stück nach dem See, oberhalb des Steinbruchs, wandert man am Steilabbruch entlang; hier sollte man aufpassen, vor allem auf Kinder.

Märchensee, Steinbruch, Aussicht

Wendelsheim

Der Märchensee heißt nicht nur so – mit seiner einsamen Lage in einem stillen Waldtal, über und über bedeckt mit intensiv grünen Wasserlinsen, wirkt er wirklich wie aus einem Märchen gegriffen und man meint, jederzeit könne eine Wassernixe oder ein Wassermann auftauchen. Die zweite Besonderheit des Sees sind die wilden Felswände des ehemaligen Steinbruchs um ihn herum. Abschließend kann man bei dieser Tour noch den Blick ins Ammertal, zur Wurmlinger Kapelle und nach Wurmlingen mit dem dahinter liegenden, dicht und dunkel bewaldeten Rammert und zu den fernen Albbergen genießen.

Mit seiner Bedeckung aus grünen Wasserlinsen erweckt der Märchensee wirklich eine märchenhafte Stimmung.

Wir gehen vom **Parkplatz** 1 bei **Wendelsheim** aus durch die Schranke Richtung Nordosten und folgen dem Sträßchen bis zum **Waldrand**. Hier werden wir **zum Märchensee** nach links verwiesen. 2 Nun steigt der Weg an. Kurz darauf haben wir bereits den ersten herrlichen Blick dieser Wanderung: Vom Wasserbehälter aus kann man schön hinab ins Tal, nach Wendelsheim und zur Schwäbischen Alb sehen.

Pfaffenberg

Der Pfaffenberg (472 m), auf dem der Märchensee liegt, ist ein Zeugenberg zwischen Pfäffingen im Ammertal und Wendelsheim. Er ist seit 1967 als ein mehr als 300 Hektar großes Landschaftsschutzgebiet ausgewiesen. Er wurde in vorgeschichtlicher Zeit von der Ammer und einem vor der Verkarstung noch vorhandenen Zufluss herausmodelliert. Durch Abtragung verlor er, im Gegensatz zum ähnlich entstandenen Spitzberg, die Deckschicht aus Stubensandstein. Um ihn herum gibt es eine jahrhundertealte Kulturlandschaft mit Obstwiesen und Weinbergen. Auf den Bergkuppen findet man einen Mischwald mit Buchen, Kiefern, Eichen und Fichten.

Der bis in die Mitte des 20. Jahrhunderts noch betriebene Steinbruch bietet eine wildromantische Felsenlandschaft. In ihr liegt der als Naturdenkmal ausgewiesene idyllische Märchensee, der seinen Namen in den 1920er Jahren von Tübinger Professoren bekommen hat, weil sie ihn so märchenhaft schön fanden.

Etwas später kommen wir zu einer **Aussichtsterrasse** 3, von der aus man noch einmal weit ins Land blicken kann. Hier biegen wir rechts ab, halten uns aber gleich links (**Schild Naturdenkmal**). In wenigen Minuten sind wir hinab zum **Märchensee** 4 spaziert.

Vor ihm sehen wir links die ersten Steinbrüche und direkt vor dem See kann man nach links einen Abstecher in eine felsige Schlucht machen. Vor allem ihr Anfang mit den senkrechten Felswänden beeindruckt.

Blick zur Wurmlinger Kapelle.

INFOS

www.wtg-rottenburg.de

Bus bis Haltestelle Wendelsheim Post, Rottenburg am Neckar

Rottenburg-Wendelsheim, Steinbruchstraße, Parkplatz nach der Grundschule, vor dem Fahrverbotsschild, GPS 48.509603, 8.939464

Danach wandern wir am See entlang. Kurz nach ihm verzweigt sich der **Weg** 5. Geradeaus (rechts) geht es in die alten Schilfsandsteinbrüche hinein. Hier können wir dem Weg etwas folgen und uns die Felswände ansehen, dann aber wieder zurückkehren. Dann nehmen wir den **links abzweigenden Weg** (aus der ursprünglichen Richtung gesehen). Er steigt kurz steil an, dann sind wir oben und gehen nach rechts weiter.

Ein Pfad führt uns nun entlang der oberen Kante des Steinbruchs – hier sollte man also gut aufpassen. Nicht lange und wir treffen auf einen querenden breiten **Weg** 6. Er bringt uns nach rechts zu einem **geschotterten Forstweg**. Wir halten uns rechts, biegen aber nach ein paar Minuten in den ersten **links abgehenden Weg** 7 ein. Auf ihm wandern wir sanft bergab bis zu einer **Kreuzung** 8, nach der es wieder ansteigen würde. Wir biegen aber rechts ab auf einen unbefestigten Weg, der sich in einigen Kurven rechts des Pfaffenbergs am Hang entlang windet und später in einen schmaleren Pfad übergeht.

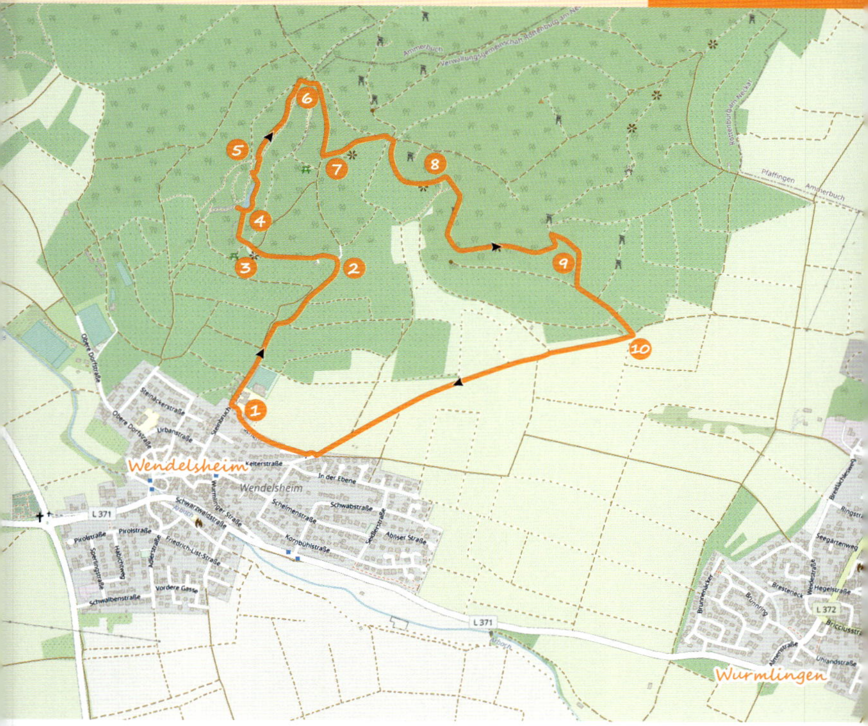

Nach einiger Zeit haben wir nach rechts eine schöne Aussicht, anschließend beschreibt der Pfad eine scharfe Kurve. Gleich danach zweigen wir rechts ab auf einen schmalen **Pfad** 9. Er bringt uns steil hinab und aus dem Wald hinaus zu einem **querenden Schotterweg**.

Wir folgen ihm nach links zum nächsten **Querweg** 10 Hier bietet sich uns eine prächtige Aussicht: Von links sehen wir die gedichtumrankte Wurmlinger Kapelle, rechts daneben Wurmlingen, dahinter den am dunklen Wald erkennbaren Rammert und im Hintergrund die »Blaue Mauer« der Schwäbischen Alb.

Hier biegen wir rechts ab. Vorbei an einem Bildstock von 1754 und immer mit Blick auf den rechts liegenden Pfaffenberg wandern wir zu den ersten Häusern von Wurmlingen. Von den beiden rechts abgehenden Straßen nehmen wir den rechten **Schönblickweg**, gehen rechts an dem großen Kruzifix vorbei und erreichen bald wieder die **Steinbruchstraße**. Rechts liegt unser **Ausgangspunkt**.

Ein Abstecher in die ehemaligen Steinbrüche empfiehlt sich.

Wurmlinger Kapellenwegle

10

Besuch bei einer gedichtumrankten Kapelle

1½ Std.

5,5 km

140 Hm

Wurmlingen – Wurmlinger Kapelle – Kreuzwegstationen – Weinlehrpfad – Hirschau – Wurmlingen

Wir wandern auf festen Wegen und Pfaden.

Wurmlinger Kapelle, Weinberge, Aussicht

Wurmlingen

Dieser wunderschöne Premium-Spazierwanderweg führt hinauf zu der berühmten Wurmlinger Kapelle auf dem Kapellenberg. Prägende Landschaftselemente unterwegs sind die duftenden Streuobstwiesen und die terrassierten Weinberge in den Steillagen sowie mit Wacholder bewachsene Flächen. Stets hat man eine prächtige Aussicht: nach Norden zum Ammertal und zum Schönbuch, nach Süden über das Neckartal zum dicht bewaldeten Höhenzug des Rammert und zur Schwäbischen Alb. Wer will, kann diese Wanderung mit dem Hirschauer Spitzbergwegle (Tour 11) zu einer längeren Tour verknüpfen.

Vor allem im Herbst verzaubern die Weinberge mit ihrer Laubfärbung.

Wir fahren von der Hirschauer Straße (L 371) durch den vorderen Parkplatz hindurch bis zum **hinteren Parkplatz** 1. Von dort aus spazieren wir am Schild **Bernbühlweg Ost** (348 m) im Bernbühlweg hinab in Richtung der Häuser, orientieren uns aber vorher rechts in den schmalen **Schotterweg**. Auf ihm wandern wir durch Streuobstwiesen bis zu einem **Asphaltsträßchen**.

Hinter ihm folgen wir am Schild **Beim Wurmlinger Kapellenweg** (348 m) weiter dem Schotterweg. Er zieht

Wurmlinger Kapelle

Die im Volksmund als Wurmlinger Kapelle bekannte Remigiuskapelle war früher ein Wallfahrtsziel. Das geschichtsträchtige und gedichtumrankte Gotteshaus ist eine der großen Sehenswürdigkeiten der Region. So sollen, angeregt von der Französischen Revolution, hier oben Hölderlin, Schelling und Hegel die Deutsche Republik ausgerufen haben.

Außerdem wurden über diese Kapelle viele Gedichte geschrieben. Die bekanntesten sind sicher das 1832 von Nikolaus Lenau (1802– 1850) verfasste:

»Luftig wie ein leichter Kahn,
auf des Hügels grüner Welle,
schwebt sie lächelnd himmelan,
dort die friedliche Kapelle …«

…. sowie das im September 1805 geschriebene Gedicht von Ludwig Uhland (1787–1862):

»Droben stehet die Kapelle,
Schauet still ins Tal hinab.
Drunten singt bei Wies' und Quelle
Froh und hell der Hirtenknab …«

Die ältesten Mauerreste des Gotteshauses stammen aus der Karolingerzeit. 1644 wurde die Kapelle durch ein Feuer zerstört und beim großen Erdbeben 1911 stark beschädigt. Sie besitzt romanische Säulen mit schwarzen Würfelkapitellen, ein Holzrelief und Holzplastiken, die im Zeitraum vom 15. bis in das 18. Jahrhundert entstanden sind, sowie Altäre aus der Zeit um 1682/85. Öffnungszeiten: normalerweise Mai bis Oktober, So 10–16 Uhr.

bald nach rechts, danach kommen wir am Schild **Östlich Wurmlingen** (352 m) vorbei. Jetzt steigt es sanft an und es bietet sich uns eine prächtige Aussicht hinab nach Wurmlingen sowie ins Ammertal. Linker Hand liegen Baumwiesen, rechts sehen wir bald eine Wacholderheide.

Nicht lange, und wir erreichen das Schild **Am Sattel** (426 m) 2. Hier kann man nach links zu einem schönen Rast- und Grillplatz gehen. Wer die Wanderung mit der Tour 11, dem Hirschauer Spitzbergwegle, verbinden will, findet hinter dem Grillplatz den Zugang zu diesem Wanderweg. Anderenfalls biegen wir **rechts ab** und gehen nun in Richtung der **Wurmlinger Kapelle** 3 bergauf. Wir erreichen sie bald nach dem Linksknick des Weges.

Nach der Besichtigung spazieren wir hinab zu dem **kleinen Platz** unterhalb der Kapelle. Unsere Wanderung führt auf der Neckartalseite des Kapellenwegs weiter. Zuerst geht es unterhalb der Kapelle zu einem gepflasterten Weg bei der **Kreuzwegstation 12** und dem Schild **Ammertalblick** (430 m). Hier orientieren wir uns erst rechts, gleich darauf biegen wir links ab.

Von der Wurmlinger Kapelle hat man zu jeder Jahreszeit einen herrlichen Blick über die Landschaft.

Das Flurkreuz unterhalb der Kapelle erzählt von der Frömmigkeit der Leute.

Kurz darauf erreichen wir wieder den Zufahrtsweg zur Kapelle und das Schild **Beim Kreuzweg** (411 m) 4. Wir gehen nach links zum Schild **Südlich Kreuzweg** (400 m) und folgen dem Weinlehrpfad, der am Hang entlang durch die Weinberge in Richtung der links oben stehenden Kapelle führt. Es lohnt sich, seine informativen Tafeln zu lesen.

Der Weg wird schmaler und bringt uns zum Schild **Katzenloch** (404 m). Nach diesem erreichen wir das Schild **Wasserbehälter** (386 m) 5. Hier werden wir nach rechts abwärts verwiesen und erreichen bald den Ortsanfang von **Hirschau** 6. Nun halten wir uns scharf rechts, dann spazieren wir bis zu einem Linksknick in Richtung des Asphaltwegs im Tal.

Wir halten uns links, zweigen aber noch **vor dem Talweg** rechts auf einen **Wiesenweg** ab. Jetzt wandern wir wieder durch Baumwiesen, wobei uns der Weg an den Wanderschildern **Heilbronner Mauern** vorbeiführt. Vor einem Gehölz nehmen wir an der **Verzweigung** den linken Weg und erreichen bald darauf wieder den Ausgangspunkt.

INFOS

www.
früchtetrauf-bw.de,
www.wtg-
rottenburg.de

Bahn bis Tübingen oder Rottenburg, Bus bis Wurmlingen Rössle

Rottenburg-Wurmlingen, Parkplatz unterhalb der Wurmlinger Kapelle, Bernbühlweg 6, GPS 48.502895, 8.969987

Auch im Winter hat das Wurmlinger Kapellenwegle seinen Reiz.

Hirschauer Spitzbergwegle 11

Weiter Blick von Baumwiesen und Weinbergen

2 Std.

6 km

215 Hm

Hirschau/Friedhof – Spielplatz Holzacker – Aussichtspunkt Ammersteige – Sattel – Hirschauer Berg – Friedhof

Wir wandern auf festen Wegen und Pfaden. An den Steilabstürzen sollte man vorsichtig sein.

Aussicht, Weinberge, Friedhofskirche

Hirschau

Der Premium-Spazierwanderweg Hirschauer Spitzbergwegle verläuft über den Hirschauer Berg, den Ausläufer des Spitzbergs, bis zur Wurmlinger Kapelle. Hier findet man zahlreiche Naturschönheiten, vor allem aber hat man immer wieder einen herrlichen Ausblick ins Neckartal, zum dahinterliegenden, bewaldeten Höhenzug des Rammert und in der Mitte auch zur Wurmlinger Kapelle, zu der man im Rahmen dieser Tour auch einen Abstecher machen kann. Anfangs verläuft die Tour meist im Wald, auf dem Rückweg zu großen Teilen durch Baumwiesen und Weinberge. Das Hirschauer Spitzbergwegle kann mit dem Premium-Spazierwanderweg Wurmlinger Kapellenwegle (Tour 10) zu einer längeren Wanderung zusammengelegt werden.

Die terrassierten Hänge erzählen von der früheren Nutzung als Weinberge.

rechts: Zu Streuobstwiesen gehören auch die ökologisch wichtigen abgestorbenen Baumstämme.

Ab dem **Friedhofsparkplatz** 1 bzw. dem Schild **Friedhof Hirschau** (336 m) folgen wir dem Wanderzeichen durch den **Friedhof** hindurch. Wir orientieren uns nach rechts zum Schild **nördlich Friedhof Hirschau** (345 m). Nun steigt es an. Nach dem Friedhof erreichen wir das Schild **Im Keltergarten** (345 m). Jetzt gehen wir auf dem Feldweg nach rechts weiter.

Hirschauer Berg

Das rund 22 Hektar große Gebiet des Hirschauer Bergs ist der ökologisch wertvollste Teil am Südhang des Landschaftsschutzgebietes Spitzberg. Hier findet man eine einzigartige Tier- und Pflanzenwelt. Die Landschaft gilt teilweise als »Vorposten« südlicher und südöstlicher Lebensräume. Das Gebiet ist heute versteppt. Bis zum Dreißigjährigen Krieg wurde aber an den Hängen Weinbau betrieben, danach Obst angebaut. Kleinräumig wechseln auf den mageren Böden Halbtrocken- und Trockenrasengesellschaften, Wald und Gebüsche. Gerade im Halbtrockenrasen leben kontinentale und mediterrane wärmeliebende Pflanzen und Tiere, die aus dem Süden, dem Osten und dem Südosten Europas eingewandert sind. Mit rund 2 000 Pflanzen- und 4 000 Tierarten findet man im Spitzberggebiet auf engstem Raum nahezu das gesamte Spektrum der in Mitteleuropa bestehenden Vegetationsbedingungen.

Während der Weg stetig ansteigt, kommen wir zu einer Kreuzung mit dem Schild **Holzacker** (385 m). Hier halten wir uns links und erreichen bald den **Rast- und Spielplatz Holzacker** (390 m) 2. Hier biegen wir scharf links ab.

Entlang der Weiden wandern wir weiter leicht ansteigend bis zum Schild **Bei Infotafel Spitzer Berg** (423 m). Wir wandern weiter auf dem Weg, nun haben wir links am Steilabfall immer wieder eine Aussicht zum Rammert und einen schönen Blick hinab ins Neckartal. Am Schild **Nördlich Aussicht Ammersteige** (446 m) 3 können wir nach links hinaus zu einer Bank gehen und die Aussicht genießen.

Anschließend erreichen wir eine **Verzweigung**. Hier orientieren wir uns links und folgen einem schmalen Weg durch das Naturschutzgebiet. Nach dem **Sendemast** kommen wir zum Wanderschild

Friedhofskirche

Die Friedhofskirche ist die Wallfahrtskapelle »Zu unseren lieben Frau im Holderbusch und Sankt Urban«. Sie wurde 1396 als Kapelle dem Heiligen Urban – dem Schutzheiligen der Winzer – geweiht und ist, wie der Namen es nahelegt, ein Relikt aus der Weinbauzeit. Als Friedhofskapelle dient sie seit 1852. An ihrer Außenwand sind Hufeisen angebracht und vor ihr sehen wir ein altes Sühnekreuz.

Ganz klein sieht man auf der linken Seite an der Friedhofsmauer vor der Kirche das alte Sühnekreuz.

Infotafel Hirschauer Berg (478 m), wo wir in derselben Richtung weiterwandern.

Wir folgen dem Pfad zu einem Forstweg beim Schild **Südöstl. Burgstall** (480 m). Nun wandern wir in Gehrichtung auf dem Forstweg weiter bis zum Schild **Am Sattel Ost** (422 m), wo wir einen **Grill- und Rastplatz** 4 finden. Außer einer gemütlichen Pause kann man auch einen Abstecher zur Wurmlinger Kapelle machen oder unseren Weg mit dem Wurmlinger Kapellenwegle verbinden.

INFOS

www.früchtetrauf-bw.de, www.tuebingen-info.de

Bahn bis Tübingen oder Rottenburg, Bus bis Hirschau Volksbank

Tübingen-Hirschau, Im Öschle 34, GPS 48.502117, 9.010028

Ansonsten halten wir uns scharf links auf den **Asphaltweg** und werden kurz danach am Schild **Südl. Sattel** (418 m) nach links verwiesen. Nun folgen wir dem immer zwischen Baumwiesen und Weinbergen verlaufenden, herrlichen Panoramaweg. Die Hänge sind mit Steinmäuerchen terrassiert und wenn wir uns umdrehen, sehen wir die Wurmlinger Kapelle. Nach rechts bietet sich uns die bekannte Aussicht hinab ins Neckartal und nach Hirschau.

Blick über Hirschau und das Ammertal zum Rammert.

Nach einiger Zeit sehen wir vor uns die Skulptur eines Hirsches. Am Schild **Unterm Hirsch** (397 m) 5, das sich direkt über Hirschau befindet, können wir nach links hinauf zu dieser Skulptur sehen. Später erreichen wir nach einer Linkskurve wieder das Schild **Infotafel Spitzer Berg** oberhalb der Weiden. Ab jetzt kennen wir den Weg, der uns nach rechts zurückführt. Wer will, sieht sich nun auch die Friedhofskirche genauer an.

Auf dem Neustetter Geschichtswanderweg

12

Geschichte und Natur um Neustetten

2 ¾ Std.

10,4 km

130 Hm

Neustetten-Remmingsheim/Stäblehalle – Grabhügel im Wald – Wolfenhausen – Rommelstal – Grillplatz – Tafel Mühlen – Neustetten

Wir wandern auf festen Wegen, geringe Anstiege gibt es am Anfang und am Schluss.

Rommelstal, Mammutbaum

Neustetten-Remmingsheim

Der Neustetter Geschichtswanderweg führt uns durch eine abwechslungsreiche Mischung aus Wäldern, Streuobstwiesen und Feldern, dazu durch das teilweise wild wirkende Rommelstal – also wirklich eine Landschaft, wie man sie mag: ohne große Dramatik, aber immer lieblich und idyllisch. Begleitet werden wir von den zahlreichen schön gestalteten und informativen Tafeln des Geschichtswanderwegs. Auf diesem erfahren wir viel über die Geschichte des Orts und der Umgebung.

links: Außerhalb des Waldes ist die Landschaft lebhaft strukturiert.

rechts: Eine Tour im Wald ist immer ein schönes Erlebnis.

Wir gehen vom **Parkplatz** 1 in der Schwarzwaldstraße in Remmingsheim kurz Richtung Westen, in Richtung Ortsende, biegen aber gleich hinter der Stäblehalle rechts ab in die Straße **Im Hauser Feld**. Kurz darauf überqueren wir die Wolfenhauser Straße (K 6922) und wandern durch die Streuobstwiesen in den Wald.

Der Weg beschreibt eine Linkskurve, an der wir schon die erste Informationstafel zum Thema **Hügelgräber** 2 sehen. Nun steigt der Weg sanft an. An der höchsten Stelle, beim Wasserbehälter, steht die Tafel **Burgstall** 3.

INFOS

www.neustetten.de

Bahn bis Rottenburg, dann Bus

Neustetten-Remmingsheim, Stäblehalle, Schwarzwaldstraße 44, GPS 48.481840, 8.875615

Danach fällt es bis zur **Landstraße** ab. Ihr folgen wir nach rechts und – mit schönem Blick nach rechts nach Wolfenhausen – bis zum ersten Hof dieses Dorfes. Dort geht die K 6923 in Richtung Nellingsheim links ab 4. Rechts von ihr folgen wir dem **Radwegschild** nach Obernau. Nun wandern wir durch eine Mischung von Feldern und Streuobstwiesen. Rechts sehen wir bald die Tafel **Lehmgrube**. An der folgenden **Verzweigung** 5 halten wir uns links. Nun geht es bergab.

Es folgt die Tafel **Wüstung Stetten**, danach kommen wir in den Wald. Es geht abwärts zu einer **Kreuzung** im Rommelstal. Hinter dem Bach sehen wir die Tafel **Totenwegle** 6. Wir halten uns links und wandern durch das Tal, das zeitweise von mächtigen Felswänden eingerahmt ist, und dadurch einen wilden Eindruck erweckt.

Wir kommen an den Tafeln **Wege früher und heute**, **Räuber im Rommelstal**, **Höhle im Rommelstal** sowie **Dunkle Wälder** vorbei. Etwas später quert ein **asphaltier-**

Heimatmuseum Neustetten

Ausgestellt werden im Heimatmuseum außer Exponaten aus der Land- und Hauswirtschaft auch Werkzeuge des alten Dorfhandwerks. Vor allem werden der Hopfenanbau sowie die Flachs- und Hanfverarbeitung vom Rohstoff zum fertigen Textilgewebe dokumentiert.

Öffnungszeiten: in der Regel jeden 3. Sonntag im Monat 13 –17:30 Uhr.

ter Weg 7. Er wird später nach links unser Rückweg sein. Zuerst aber folgen wir dem Rommelstal noch ein Stück nach rechts, um auch die letzten drei Tafeln zu lesen.

Kurz darauf kommen wir zu einer Gruppe mächtiger Bäume mit einem **Rastplatz** 8. Hier und um die Baumgruppe herum finden wir einige Bänke zum Ausruhen, auch eine Grillstelle befindet sich hier. Direkt am Bach stehen die Schilder **Römische Wasserleitung** und **Weg nach Weitingen**. Wir folgen dem Weg noch einige Minuten nach links zur Tafel **Mühlen** 9.

Hier drehen wir um und folgen dem Asphaltweg. Ab dort, wo wir vorhin von links gekommen sind, steigt der Weg an. Noch im Wald liegt links die Tafel zum **Weinbau**. Kurz danach verlassen wir den Wald und wandern über Felder. Wir queren die **K 6923**, danach wird es fast eben. Bald beginnt links eine Baumreihe. Der erste Baum ist ein **Mammutbaum**, der eine außergewöhnlich kleine, gedrungene Form hat.

Später beschreibt der Weg einen **Links-Rechts-Knick** und wir kommen zu den ersten Gebäuden des Gewerbegebiets von Neustetten. Wir halten uns links in die Straße **Im Hauser Feld**, dann rechts in die **Schwarzwaldstraße**, die uns zum Ausgangspunkt zurückbringt.

Jetzt kann man an den Öffnungstagen noch das **Heimatmuseum**, Nelkenstraße 3, 10 besuchen. Wenn man in Richtung Ort zurückfährt, zweigt die Nelkenstraße rechts von der Schwarzwaldstraße ab.

In Streuobstwiesen sieht man immer wieder interessante Details.

Sieben-Täler-Runde 13

Auf und Ab um Bad Niedernau

1¾ Std.
6,1 km
130 Hm

Bad Niedernau/Kurpark – Schlösslesberg – vor Weiler – Katzenbacher Ziegelhütte – Sieben-Täler-Höhle – Wolfsschlucht – Kurpark

Die Wanderung verläuft auf gut zu gehenden Pfaden und Forstwegen. Allein die Strecke durch die Wolfsschlucht setzt Trittsicherheit und Schwindelfreiheit voraus; sie sollte außerdem bei nassem Wetter nicht begangen werden. Man kann sie aber auf einem einfachen, ebenen Weg umgehen.

Sieben-Täler-Höhle, Wolfsschlucht, Waldszenen

Bad Niedernau

Mit einem idyllischen Kurpark am Anfang, einem fast bannwaldartigen Wald, einer Höhle und einer unvermutet wilden Schlucht hat diese kurze Premiumwanderung dem Wanderer viel zu bieten. Nach dem Start am Kurpark von Bad Niedernau geht es zuerst hinauf auf die Hochfläche, danach hinab ins Katzenbachtal, wo uns eine spannende Höhle erwartet. Abschließend wandert man durch eine Schlucht, die das Herz jedes Naturfreundes mit etwas Abenteuerlust erfüllt. Für Kinder gibt es beim Schützenhaus nach dem Kurpark einen schönen Spielplatz.

Wir starten am **Parkplatz beim Kurpark** (364 m) ❶ in **Bad Niedernau**. Dort gehen wir rechts an dem kleinen Weiher vorbei und folgen dem Weg nach links zu der Gehölzreihe am Katzenbach. Dort biegen wir am Schild **Kurpark Ost** (362 m) rechts ab. Vorbei am Schild Kurpark Süd (362 m) kommen wir zum Schild **Nordwestlich Schützenhaus** (363 m).

Hier überqueren wir den Bach nach links, dann gehen wir rechts am **Schützenhaus** (364 m) ❷ vorbei. Kurz darauf werden wir am Schild **Beim Kneippbecken** (365 m) nach links in den Wald verwiesen. Nach etwas Anstieg erreichen wir einen Querweg und das Schild **Südwestlich Schlösslesberg** (386 m). Wir halten uns rechts und kommen zu einer Infotafel zum Thema »Extremes Leben auf kargem Fels«. Hier haben wir einen schönen Blick ins tief darunter verlaufende Katzenbachtal.

Mit einigen Windungen und etwas Auf und Ab geht es schließlich hinab zu einem Sattel, danach wieder hinauf. Der Wald hier wirkt recht urtümlich und weist fast Bannwaldcharakter auf. Beim Schild **Südwestlich Sauerbrunnenäcker** (447 m) halten wir uns rechts.

Wo wir den Wald verlassen, steht links ein großes **Flurkreuz** 3, daneben eine Infotafel zu Rebhühnern. Nach rechts sieht man nach Weiler, auf dem Hügel links daneben ragt die Weilerburg aus dem Wald heraus. Wir wandern nach **rechts** weiter, kommen am Schild **Südwestlich Hülenbäumen** (447 m) vorbei und erreichen gleich danach das

Im Kurpark von Bad Niedernau.

Schild **Nördlich Viehstelle** (449 m). Hier biegen wir rechts, dann gleich wieder links, ab. Beim Schild **Nördlich Viehstelle** (448 m) geht es nach rechts und wir wandern vorbei am Schild **Westlich Maieräcker** (448 m). Nun haben wir einen weiten Blick bis zur Schwäbischen Alb. Gut zu erkennen sind die Burg Hohenzollern und der Plettenberg.

Zwischen Wiesen und Feldern kommen wir zum **Rastplatz Hasenkreuz** (438 m) 4. Das besagte Kreuz steht hinter dem Sträßchen unterhalb der drei Bäume. Wir biegen rechts ab und gehen, vorbei am Parkplatz, auf der Zufahrtsstraße bis zum Rastplatz, wo Tisch und Bänke stehen.

Katzenbachtal

Im Katzenbachtal arbeiteten früher Ziegler und Kalkbrenner, weil sie hier das Material fanden, das für ihre Zwecke geeignet war: Es gab Muschelkalk und Lehm, Wasser aus dem Katzenbach und Holz zum Brennen aus den umliegenden Wäldern. 1685 verkaufte die Gemeinde Weiler Grund zur Errichtung einer Ziegelhütte. Bis 1899 wurden dann hier Ziegel gebrannt. 1906 wurde das Ziegelwerk stillgelegt und stattdessen bis 1957 ein Kalkbrennofen betrieben.

Sieben-Täler-Höhle

Die 207 Meter lange Sieben-Täler-Höhle ist eine der bedeutendsten Karsthöhlen im Mittleren Neckarraum. Wer sie aufsuchen will, sollte sich mit zuverlässigen Stirn- oder Taschenlampen sowie mit einem Helm gegen Steinschlag ausstatten und keine Angst vor der Enge haben. Dann ist die Befahrung der Höhle ein bleibendes Erlebnis, insbesondere für Kinder.

Danach folgen wir weiter dem Sträßchen, werden aber bald beim Schild **Südlich Rastplatz Hasenkreuz** (436 m) 5 rechts auf einen Grasweg verwiesen. Nun passieren wir die Schilder Nordöstlich Egart (435 m), Nördlich Egart (434 m), Westlich Egart (436 m), Südwestlich Egart (438 m) und **Südlich Egart** (436 m). Beim letztgenannten Schild werden wir scharf nach rechts auf einen in den Wald führenden Pfad verwiesen.

Er bringt uns steil hinab zum Schild **Oberh. Katzenbacher Ziegelhütte** (405 m). Hier orientieren wir uns rechts. Das Sträßchen beschreibt eine Linkskurve und bringt uns zum Schild **Katzenbacher Ziegelhütte** (390 m) 6 nach den Gebäuden. Hier halten wir uns rechts. Nun wandern wir durch das idyllische Katzenbachtal.

INFOS

www.wtg-rottenburg.de, www.früchtetrauf-bw.de

Bahn bis Bad Niedernau

Rottenburg-Bad Niedernau, Parkplatz am Kurpark, Bachstraße, GPS 48.451248, 8.901620

rechts: Die alte Brücke erinnert von ihrer Bauweise her an eine Römerbrücke.

Bald kommen wir an der **Sieben-Täler-Höhle** 7 vorbei, die in einer mächtigen Felswand liegt. Danach führt der Weg an einer Brücke vorbei, die etwas an alte Römerbrücken erinnert. Bald folgt eine weitere Brücke. Nach ihr haben wir am Schild **Katzenbachtal** (376 m) 8 zwei Möglichkeiten. Geradeaus können wir einen halben Kilometer gemütlich im Tal zur Römerquelle wandern. Die zweite Möglichkeit ist etwa doppelt so lang und anspruchsvoller: Sie führt steil hinauf und steil hinab durch die Wolfsschlucht, hier sollte man trittsicher und schwindelfrei sein – und es sollte trockenes Wetter herrschen.

Um zur Wolfsschlucht zu gelangen, steigen wir links erst steil hinauf bis zu einer Bank. Dort geht es eben nach rechts weiter. Am Schild **Gereut West** (431 m) halten wir uns rechts. Nach einer Brücke haben wir beim Schild **Oberer Ausgang Wolfsschlucht** (420 m) 9 die Möglichkeit, einen 100 Meter langen Abstecher zum »Biotop« zu machen. Der kleine **Weiher mit Quelle** 10 liegt bei einer Wiese und eignet sich mit seinen Bänken hervorragend zu einer Rast.

Anderenfalls, oder nach dem Abstecher, biegen wir rechts ab. Nun geht es auf steinernen Stufen, später auf einem steilen Steig, zwischen wilden Felsen hinab. Nachdem es flacher geworden ist, erreichen wir die Römerquelle und das Schild **Katzenbachtal Römerquelle** (378 m) 11. Hier stehen bei der Infotafel **Naturschätze an schattig-feuchten Hängen** Tisch und Bänke.

Links neben der Infotafel führt unser Weg auf einem schmalen Pfad weiter durch den Wald. Wir passieren das Schild Haselsteig Mitte (400 m) und werden etwas später beim Schild **Haselsteig Nord** (379 m) nach rechts verwiesen. Beim Schild beim **Parkplatz Kurpark** (365 m) überqueren wir die Straße und sind wieder am **Ausgangspunkt**.

In der wilden Wolfsschlucht.

Aussicht zur Alb und zum Schwarzwald

14

Zwischen Grillplatz und Flurkreuzen um Bierlingen

2 ¾ Std.

10 km

100 Hm

Starzach-Bierlingen/ Grillplatz – Ammelesbrunnen – Waldkapelle – Bierlingen – Flurkapelle – Friedhof – Grillplatz

Wir wandern auf geschotterten und asphaltierten Wegen.

Aussicht, Ammelesbrunnen, Kirche Bierlingen

Bierlingen

Die Gemeinde Starzach hat einige empfehlenswerte Wandermöglichkeiten ausgewiesen. Wir fassen davon die kurzen Touren 1 und 2 zu einer einzigen, längeren Wanderung zusammen. Sie führt uns zwischen Feldern und Wiesen und durch naturnahe Mischwälder hindurch, vorbei an einem kleinen Weiher und immer wieder an kleinen Kapellen und Flurkreuzen als Zeichen der Volksfrömmigkeit. Zu den schönsten Erlebnissen dieser Wanderung gehören aber die weiten Blicke nach Osten zur Schwäbischen Alb mit dem Plettenberg als markantem Punkt und nach Westen in Richtung Schwarzwald.

Auch die Wegweiser zeigen Idylle.

Wir wandern ab dem **Parkplatz beim Grillplatz** bei **Bierlingen** auf dem »Rundweg 2« rechts an der **Grillhütte** 1 vorbei in Richtung Ammelesbrunnen auf den Wald zu. Bereits jetzt haben wir einen herrlichen Blick zur Schwäbischen Alb. Vor dem Wald halten wir uns an der **Verzweigung** rechts. Bei einer **mächtigen Eiche** führt uns der Weg links in den Wald. Nach kurzer Durchquerung bietet sich uns wieder eine prächtige Aussicht, dieses Mal in Richtung Schwarzwald.

Grenzstein

Der mit 1840 datierte Grenzstein zeigt die Grenze zwischen dem Königreich Württemberg auf der östlichen Seite und dem Fürstentum Hohenzollern-Sigmaringen (gehörte ab 1848 zum Königreich Preußen) im Westen. Die Abkürzungen bedeuten: KW = Königreich Württemberg, B = Bierlingen, HS = Hohenzollern-Sigmaringen. (KP = Königreich Preußen wurde nachträglich angebracht.)

Ammelesbrunnen

Der Ammelesbrunnen hat seinen Namen nach einer Amme, die sich hier einmal aus Liebeskummer ertränkt haben soll. Das Wasser befindet sich in einer Doline, die aus einem aus Richtung Felldorf kommenden Bach gespeist wird.

Nach dem **Wald** 2 biegen wir links ab und folgen dem Asphaltsträßchen. Nach einem Waldstück sehen wir wieder auf die Alb, hier sticht der markante Plettenberg mit seinem Funkturm heraus. Hier halten wir uns an der **Verzweigung** links. Vor dem Wald sollten wir den **Grenzstein** von 1840 beachten. Im Wald kommen wir an einem weiteren Grenzstein vorbei.

Wir verlassen den Wald, kommen aber kurz darauf zu einem Gehölz rechts des Weges. Hier werden wir nach links verwiesen, wieder in den Wald. Kurz danach liegt links der sogenannte **Ammelesbrunnen** 3, der sich als idyllisches Biotop entpuppt. Bänke laden hier zur Rast.

Nach etwas Geradeausgehen überqueren wir eine Kreuzung und folgen dem **Auchtertweg** aus dem Wald hinaus. Wir halten uns links und wandern rechts des Waldes auf einem Asphaltsträßchen weiter. Es zieht nach einiger Zeit nach links und bringt uns mit sanftem Auf und Ab zu einer kleinen **Waldkapelle**, die in ihrem Inneren eine Lourdes-

INFOS

www.starzach.de. Es gibt auch einen Flyer mit dem Wegverlauf, den man sich auch auf der Internetseite der Gemeinde ausdrucken kann.

Bahn bis Rottenburg oder Eyach, dann Bus

Starzach-Bierlingen, Grillplatz, GPS 48.426452, 8.807195

Zum Grillplatz kommt man, wenn man in Bierlingen von der Hauptstraße in die Neuhauser Straße abzweigt und sich vor Haus Nr. 24 rechts hält.

grotte beherbergt. Hier geht links nicht nur ein mit schönen, bemalten Reliefs geschmückter Kreuzweg ab, sondern, wer die Tour abkürzen will, kann hier auch dem Wanderweg nach links zum Grillplatz folgen.

Anderenfalls wandern wir geradeaus weiter auf Bierlingen zu, nun auf dem **Wanderweg Nr. 1**. An der querenden Straße mit dem **Flurkreuz** biegen wir rechts ab 4, kurz darauf halten wir uns links und gehen an der **Feldscheune** vorbei. Etwas später biegen wir links eines weiteren **Feldkreuzes** links ab und kommen zu den ersten Häusern von Bierlingen.

Dort biegen wir an dem **großen Kreuz** rechts ab in die aus dem Ort hinausführende Straße 5. **Nach den Häusern** biegen wir links ab, gleich danach am Schild **Zollhäuschen** (501 m) noch einmal. Nun steigt es rechts von Bierlingen etwas an. Zur Erholung sollten wir ab und zu stehen bleiben und den herrlichen Blick zur Schwäbischen Alb genießen. Nach der höchsten Stelle treffen wir auf einen **Querweg**, nach welchem es nicht mehr geradeaus weitergeht. Hier halten wir uns **links** 6. Gleich danach biegen wir wieder links ab. Vor der lang gestreckten Kita nehmen wir die rechts abgehende **Pfarrgasse**, die uns zur links liegenden **Kirche** 7, danach zur Hauptstraße bringt. Ihr folgen wir nach rechts. Nun empfiehlt sich eine Besichtigung der Kirche.

Die Kirche von Bierlingen besitzt einen sehenswerten Schnitzaltar.

Etwas später biegen wir rechts ab in die **Bahnhofstraße** in Richtung Börstingen 8. Am Ortsende orientieren wir uns nach **Haus Nr. 29** und dem großen Flurkreuz von 1902 links. Der Weg zieht gleich darauf nach links und wir treffen bald links von Friedhof und **Friedhofskirche** 9 auf die **Hauptstraße**. Ihr folgen wir nach rechts zum Ortsende.

Nach der links liegenden **Gärtnerei** zweigen wir links ab. Der Weg beschreibt bald einen weiten Linksbogen und wir wandern bis zu einem **querenden Sträßchen**. Nach rechts bringt es uns hinauf zum Ausgangspunkt am **Grillplatz**.

Bierlingen

Die Kirche in Bierlingen ist eine Mischung aus alt und modern. Innen besitzt sie einen prächtigen Schnitzaltar, weitere geschnitzte Heiligenfiguren und eine Pietà. Sehenswert sind auch die farbigen Glasfenster und die alten Epitaphien an den Wänden des Chorraums sowie die Inschrift an der Kirchenwand vor dem Eingang.

Vom Schloss ins Starzeltal

15

Rund um Hirrlingen

2½ Std.
9,2 km
70 Hm

Hirrlingen – Starzeltal – Frommenhausen – über die Felder – Eichenberg – Hirrlingen

Die Wanderung verläuft, bis auf den steilen Abstieg zum Schützenhaus, auf geschotterten und asphaltierten Wegen. Man sollte die Wanderung am besten am Wochenende unternehmen, wenn der Steinbruchbetrieb ruht.

Aussicht, Schloss in Hirrlingen

Hirrlingen

Hirrlingen hat in seinem Zentrum nicht nur ein mächtiges, altes Schloss aufzuweisen, sondern auch eine Umgebung, in der sich Wanderungen lohnen. Zum Beispiel, wie bei dieser Tour, zuerst hinab ins Starzeltal, dann zurück auf aussichtsreicher Höhe. Hier bieten sich Blicke zur Weilerburg, zum Rammert und zur Schwäbischen Alb.

Blick nach Weiler und zur Weilerburg.

Wir gehen von dem **Parkplatz an der Eichenberghalle in Hirrlingen** 1 aus ortsauswärts. Nach einem Stück Freifläche kommen wir vor die nächsten Häuser. Hier gehen wir auf die rechte Straßenseite zu dem **Flurkreuz** und folgen dort dem Schotterweg, der anfangs parallel zur Straße verläuft, in Richtung Starzeltal. Es ist ein Feldweg, wie man ihn sich vorstellt: Er verläuft zwischen Streuobstwiesen und Hecken, später ist er von Feldern begrenzt und man hat einen Blick auf Bietenhausen und nach rechts zu dem mächtigen Steinbruch, an dem wir später vorbeikommen.

Wo der Weg in den Wald mündet, zweigt an der Linkskurve rechts der mit dem **blauen Dreieck** markierte Wanderweg ab. Ein steiler Pfad bringt uns hinab zum Schützenhaus. Auf der anderen Straßenseite sehen wir das Wanderschild **Schützenhaus Bietenhausen** (391 m) 2. Rechts daneben steht das aus der Starzel hierher versetzte historische **Mühlewehr**.

Wir wandern nun, vorbei an der Kläranlage, auf der Straße nach rechts zu den Mühlen und dem bereits sichtbaren Steinbruch. An den Mühlen gehen wir links vorbei zum Schild **Steinbruch Rangendingen** (392 m) 3 und halten uns dort rechts. Wir durchqueren das Steinbruchgelände, danach sind wir im Starzeltal, das bald seine idyllische Schönheit entfaltet.

Nach den Talwiesen kommen wir in den Wald, wo es etwas ansteigt. Danach halten wir uns an der Verzweigung an den linken, abwärts führenden **Weg** 4. Er bringt uns nach einiger Zeit zur **L 392** 5. Nun wandern wir für die nächste Viertelstunde auf der Straße nach rechts hinauf nach **Frommenhausen**.

Wir lassen das Dorf aber links liegen. Wo gleich bei den ersten Häusern die Landstraße nach rechts zieht, zweigen wir links ab und wandern rechts der Häuser hinaus in die Felder.

Dort gehen wir immer geradeaus, passieren den **Friedhof** und kommen nach einiger Zeit an einem mächtigen **Kastanienbaum** vorbei. Unter ihm stehen ein Flurkreuz

Das historische Mühlewehr wird auf einer Infotafel erklärt.

INFOS

www.hirrlingen.de

Bahn bis Rottenburg, Bus bis Hirrlingen Haltestelle Schule

Hirrlingen, Parkplatz an der Eichenberghalle, Bietenhauser Straße, GPS 48.411928, 8.885133

und eine Bank. Wir wandern immer geradeaus, bis der asphaltierte Weg endet. Nun geht es ein Stück auf einem Grasweg weiter bis zu einem querenden, ebenfalls **unbefestigten Weg** 6.

Hier biegen wir rechts ab und gehen auf die große Baumgruppe zu. Es sind zwei mächtige **Linden** 7, die ein Flurkreuz beschützen, wie wir bald sehen werden. Tisch und Bank laden zur Rast. Auf dem Weg bietet sich uns ein herrlicher Blick nach links zur Weilerburg und dem Rammert. Auch die fernen Höhen der Schwäbischen Alb sind zu sehen.

Bei den beiden Linden bietet sich uns die Gelegenheit, nach links auf den Eichenberg zu gehen. Der Weg führt bis zum **Hochbehälter** 8. Von oben hat man einen schönen Blick über die Felderlandschaft in Richtung Hirrlingen und Frommenhausen, nicht aber den Rundumblick, den die Landkarten versprechen.

Wer diesen Abstecher auslassen will, wandert – wie auch diejenigen, die den Eichenberg bestiegen haben – ab den Linden auf dem Sträßchen nach **Hirrlingen**. Dort geht es in der **Lindenstraße** geradeaus zur querenden Rottenburger Straße. Wir halten uns rechts in die **Frommenhauser Straße**, dann gleich wieder links in die **Bietenhauser Straße**, die uns zurück zum **Ausgangspunkt** bringt.

Schloss Hirrlingen

Nach der Tour sollte man sich das mächtige Schloss ansehen, das man bereits vom Parkplatz aus sehen kann. Es wurde von Freiherr Georg VII. von Ow (1517–1575) in den Jahren 1557 bis 1558 im Renaissancestil erbaut. Vorbild war das Schloss im Tübinger Stadtteil Bühl. Bis heute ist es fast unverändert erhalten. Einst war es von Wassergräben umgeben, davon ist nur noch der Schlossweiher erhalten. Nach dem Aussterben der Familie von Ow-Hirrlinger im Jahr 1709 gelangte das Schloss im Erbweg an Reichsgraf Anton Ferdinand von Attems. 1821 wurde das Schloss verkauft und 1825 darin die Gemeindeverwaltung eingerichtet.

Um den Rammert

Um den Rammert

Wenn der Schönbuch vielleicht als der kleine Bruder des Schwarzwalds bezeichnet werden könnte, so wäre der Rammert der kleine Bruder des Schönbuchs. Dieser bis zu 590 Meter hohe, bewaldete Höhenzug liegt vorwiegend im Landkreis Tübingen, teilweise aber auch im Zollernalbkreis. Seine längste Ausdehnung reicht von Tübingen bis Rangendingen und beträgt etwa 18 Kilometer. Seine größte Breite weist er mit sieben Kilometern zwischen Rottenburg am Neckar und Ofterdingen auf. Da der Rammert wegen seiner Sand- und Tonböden für den Ackerbau ungeeignet ist, wird er intensiv forstlich genutzt.

Um ihn herum liegen zahlreiche Orte, die zum Teil Ausgangspunkte unserer Wanderungen sind. Die Touren führen uns beispielsweise von Rottenburg über Weiler und Dußlingen bis Bodelshausen. In seinem Zentrum ist der Rammert ein unbesiedeltes, dichtes Waldgebiet mit hohen, alten Bäumen. Er weist teilweise eine wilde, ja fast bannwaldartig wirkende Natur auf, obwohl er keineswegs geschützt ist, sondern forstwirtschaftlich genutzt wird.

Wir wandern durch den Wald zu den Resten der alten Weilerburg, einst Sitz des Hochadelsgeschlechts der Grafen von Hohenberg. Am Rande des Rammerts, den wir bei unserer Wanderung streifen, liegt Dußlingen. Bei dieser Tour stoßen wir mit dem Klarasee auch auf einen idyllischen See, der wie aus dem Märchen entsprungen wirkt und damit Erinnerungen an den bereits auf einer anderen Tour besuchten Märchensee weckt. Vor allem aber ist der Ort von einem breiten Gürtel von Streuobstwiesen umgeben. Durch sie führt die Wanderung dort vorwiegend. Man merkt, die Gegend gehört zum Schwäbischen Streuobstparadies.

Bei der Tour, die in Bodelshausen beginnt, wandert man überwiegend durch den prächtigen Rammertwald. Besondere Highlights oder außergewöhnliche Hotspots findet man hier nicht. Dafür aber einen Wald, wie er sein soll. Teilweise wirkt er recht urig, sodass man sich wundert, dass er kein Bannwald ist. An anderen Stellen berührt man am Waldrand die offene Landschaft, die durch ihren fast lieblichen Charme besticht. Eine schöne Waldwanderung also, um runterzukommen und sich neu zu erden.

Blick auf die »Blaue Mauer«, die Schwäbische Alb.

Weilerburgrunde

16

Mit oder ohne Burgruine

1¼ Std.

4,1 km

130 / 80 Hm

Rottenburg/Waldparkplatz – Wald – Drei Linden – Weilerburg – Wald – Waldparkplatz

Wir wandern auf guten Wegen, nur vor und nach der Weilerburg auf steilen Pfaden. Wer das nicht will, kann den Abstecher auch weglassen.

Burgruine, Aussicht

Diese kurze Wanderung bringt uns von den Streuobstwiesen durch den Wald hinauf nach Weiler. Vor dem Dorf empfängt uns mit den Drei Linden bereits eine Natursehenswürdigkeit. Danach kann man auf dem Rückweg noch die Weilerburg besuchen. Ist der Aussichtsturm geöffnet, bietet sich von hier oben ein herrlicher Rundumblick. Am Ausgangspunkt befinden sich ein großer Spielplatz und eine Grillstelle. Die Strecke ist mit einem fliegenden Kauz auf blauem Rechteck markiert.

Außerhalb des Waldes finden wir Streuobstwiesen.

Am **Wanderparkplatz** 1 beim **Schadenweiler Hof** folgen wir kurz dem parallel zum Zubringersträßchen verlaufenden Wanderweg bis rechts Wege in den Wald führen. Hier kann man entweder geradeaus weitergehen, oder man nimmt den **rechten Weg**. Er verläuft am Waldrand und bringt uns in einem weiten Bogen etwas später zu einem **querenden Weg** 2 – dies ist der mit dem fliegenden Kauz auf blauem Rechteck markierte Wanderweg, den wir vorhin verschmäht haben.

Ihm folgen wir nach rechts. Nach dem Wald liegen rechts Streuobstwiesen. Wo der Weg etwas ebener wird, sehen wir links das Naturdenkmal **Drei Linden** 3.

Drei Linden

Die zwischen 150 und 350 Jahre alten Drei Linden wurden 1971 als Naturdenkmal ausgewiesen. Damit sind sie noch im besten Alter, denn Linden können über 1 000 Jahre alt werden und einen Stammumfang von 15 Metern erreichen. Die Bäume spielen in der Geschichte, in der Sagenwelt und der Medizin eine große Rolle. Veit Stoß, Tilman Riemenschneider und andere Bildhauer arbeiteten gerne mit dem weichen Lindenholz.

Weiler

Weiler wurde 1244 erstmals urkundlich erwähnt. Der Ort ist der ehemalige Burgweiler der Burg Alt-Rottenburg. Dadurch war sein Schicksal eng mit den Grafen von Hohenberg verknüpft. 1381 mussten diese ihre Herrschaft aus finanziellen Gründen verkaufen. Daraufhin gehörte Weiler 426 Jahre zu Österreich. 1805 gelangte das Dorf im Zuge des Sieges Napoleons über Österreich in den Besitz Württembergs.

Danach kommen wir nach **Weiler**. An der Querstraße vor **Haus Nr. 20** biegen wir rechts ab 4 und spazieren zur **Kirche** 5.

Nach der Kirche biegen wir scharf rechts ab in Richtung **Friedhof**. Vor einem **Parkplatz** 6 orientieren wir uns links und verlassen den Ort wieder.

Was von den drei Linden übrig geblieben ist, sind markante Baummethusalems.

INFOS

www.wtg-rottenburg.de

Bahn bis Rottenburg, weiter mit dem Bus bis Rottenburg-Schadenweiler Hof oder Rottenburg-Weiler Linde

Rottenburg, Schadenweiler Straße, Waldparkplatz Schadenweiler, GPS 48.454845, 8.943231

Nach dem Friedhof steht links ein **Flurkreuz** 7. Von hier aus haben wir auch eine weite Sicht über das Land. Jetzt haben wir zwei Möglichkeiten. Wer nicht auf die Weilerburg will, folgt mit dem eingangs genannten Zeichen dem geradeaus abfallenden Weg. Wer jedoch hinauf zur Weilerburg wandern möchte, zweigt rechts ab. Gleich danach führt nach rechts ein schmaler, steiler **Naturweg** nach oben. Er bringt uns zu einem breiten **Forstweg**. Auf ihm wandern wir, nun mäßig ansteigend, hinauf zur **Weilerburg** 8.

Zurück haben wir zwei Möglichkeiten: Entweder gehen wir beim Aufstieg auf demselben Weg zu dem **Kreuz** 7 zurück und folgen dort dem markierten Weg nach rechts oder wir gehen an der ersten Linkskurve kurz nach der Weilerburg mit dem Wanderzeichen **roter Balken** geradeaus bergab. Ein steiler Steig bringt uns zu einem **querenden Weg**. Hier weist uns das Zeichen nach rechts.

Eben bzw. leicht abfallend wandern wir nun mit diesem Zeichen bis zu einem querenden, **breiten Weg** 9, in den wir rechts einbiegen. Hier entdecken wir auch das Zeichen der **Weilerburgrunde** wieder, beide Varianten sind jetzt wieder vereint.

Bald verlassen wir den Wald und wandern durch die Streuobstwiesen bis zum **Zufahrtssträßchen** 10 zum Parkplatz. Dahinter befindet sich der **Schadenweiler Hof**.

Teilweise wandern wir durch einen herrlichen Wald.

Weilerburg

An Stelle des Aussichtsturmes stand früher auf dem 555 Meter hohen Hügel eine Burg. Sie wurde im 12. Jahrhundert erstmals genannt und war im 13. Jahrhundert Sitz des Hochadelsgeschlechts der Grafen von Hohenberg. Auch nachdem diese sich im Tal am Platz der heutigen Vollzugsanstalt eine neue Burg erbaut hatten, blieb diese Alt-Rotenburg genannte Anlage bis Ende des 14. Jahrhunderts bewohnt. Sie wurde erst bei einem Fehdefeldzug des Grafen Friedrich von Zollern (gen. Oetinger) 1407 zerstört.

Außen an dem 24 Meter hohen, dem Stil der Gotik nachempfundenen Turm sind Wappen, eine Grabplatte und eine einer Grabplatte ähnelnde Gedenkplatte angebracht, die an die Einweihung des Turmes am 18. Juli 1874 als »Sieges- und Minnesängerdenkmal« erinnert sowie an den »ruhmreichen Feldzug 1871«.

Zum Bau wurden Spenden von weither eingesammelt, selbst der Kaiser von Österreich spendete Tausend Gulden, wohl um an die vorderösterreichische Vergangenheit der Gegend zu erinnern. Auch die württembergischen Herrscher und Friedrich Wilhelm I. von Preußen ließen sich nicht lumpen. Nur Ludwig Uhland trug nichts dazu bei und sagte, die Kapuziner sollen die Steine wieder selbst hinauftragen.

Vom Turm aus hat man eine prächtige Rundumsicht. Ist er geschlossen, hat man zumindest beim Aufstieg, vom Ort aus, einen Blick über das Land.

Hier gibt es Tische und Bänke, eine Grillstelle und eine Schutzhütte. Zu bestimmten Zeiten ist der Platz von der Alpenvereinssektion Rottenburg bewirtschaftet, dann kann auch der Turm mit der herrlichen Aussicht bestiegen werden.

Der Aussichtsturm der Weilerburg ist nur zu bestimmten Zeiten geöffnet.

Diese große Anlage wurde 1570 als Adelssitz erbaut, aber im 17. Jahrhundert während einer Belagerung fast vollständig zerstört. Heute sitzt hier die Hochschule für Forstwirtschaft.

Wir halten uns vor der Straße rechts und gehen auf dem parallel verlaufenden Wanderweg zurück zum Parkplatz.

Sehenswertes bei Dußlingen

17

Streuobstwiesen und Aussicht

3 Std.

11,3 km

140 Hm

Dußlingen/Kirche – Eckhof – Kirchholzhäusle – Klarasee – Ohnhalde – Staudachgasse – Dußlingen – Kirche

Wir wandern auf festen Wegen.

Kirche Dußlingen, Aussicht, Streuobstwiesen, Klarasee

Dußlingen

Dußlingen, im »Schwäbischen Streuobstparadies« gelegen, wartet mit dem auf, was dieser Name verheißt: Streuobstwiesen ohne Ende um das Dorf herum. Die Wanderung führt uns aber auch durch Wiesen und Felder, dazu ein Stück durch den Wald am Ostrand des Höhenzugs Rammert. Dort finden wir auch den kleinen Klarasee. Außer den Obstbäumen auf den Streuobstwiesen sehen wir auch einige andere markante Bäume auf unserer Tour. Im Hintergrund grüßt uns hinter dem Steinlachtal der Höhenzug der Schwäbischen Alb mit dem Roßbergturm als eine gut erkennbare Landmarke.

Streuobstwiesen zur Zeit der Blüte sind immer herrlich.

Wir folgen ab den **Parkplätzen** bei der **Kirche** und dem **Friedhof Dußlingen** ❶ dem mit dem Wanderzeichen **blauer Strich** in die Wiesen hineinführenden Weg.

Noch vor dem **Fahrverbotsschild** ❷ zweigt der mit dem Wanderzeichen blaues Kreuz markierte Weg in Richtung Kirchholzhäusle nach links ab, wir wandern aber mit dem **blauen Strich** weiter. An der Kreuzung vor dem **Wald** ❸ biegen wir mit dem **roten Kreuz** links ab. Den Eckhof um-

Dußlingen

Die bereits im 9. Jahrhundert erwähnte Kirche in Dußlingen war dem Heiligen Petrus geweiht. Das heutige Gebäude wurde 1501 bis 1508 in spätgotischem Stil erbaut, was aus der Datierung am Chorbogen bzw. in der Sakristei hervorgeht. Innen sieht man skulptierte Schlusssteine und Konsolen, ornamentale Deckenfresken, Emporen und eine aus dem 17. Jahrhundert stammende Kanzel. Auf dem Friedhof steht ein von 1960 bis 1965 geschaffenes Gefallenendenkmal, das von dem Architekten Manfred Lehmbruck (1913–1992) entworfen wurde. Das Pfarrhaus stammt aus der Mitte des 15. Jahrhunderts. Vielleicht diente es früher den Ortsherren als Wohnsitz.

gehen wir rechts. Wir wandern ein Stück links des Waldrands, bis der Wald nach links abknickt 4. Dort folgen wir dem **blauen Balken** nach links. Der Weg knickt bald links, dann wieder rechts ab und bringt uns zu dem mit dem **blauen Kreuz** markierten Weg. Wir biegen rechts ab und kommen zum **Kirchholzhäusle** 5, einer Schutzhütte, bei der sich eine Grillstelle befindet.

Wir folgen dem Sträßchen weiter, nun mit dem Wanderzeichen **blauer Balken**. Es knickt bald links ab, danach wieder rechts. An einer **Kreuzung** wandern wir mit dem **Radwegschild** nach Mössingen geradeaus weiter zum

Aussicht zur Schwäbischen Alb vom Kirchholzhäusle.

INFOS

www.dusslingen.de, www.streuobst-paradies.de

Bahn oder Bus nach Dußlingen

Dußlingen, Kirche/Friedhof, Kirchstr. 52, GPS 48.454446, 9.051466

Am idyllischen Klarasee.

Waldrand 6. Dort ignorieren wir, dass der markierte Wanderweg links weiterführt und gehen geradeaus weiter. An einer **Verzweigung** folgen wir dem abwärtsführenden Weg kurz bis zu einer Rechtskurve. Links liegt der kleine, idyllische **Klarasee** 7.

Danach wandern wir auf dem ursprünglichen Forstweg geradeaus weiter. Er zieht bald nach links, ist eine Zeitlang mit dem Wanderzeichen **blauer Strich** markiert, und zieht am Waldrand nach rechts. Dann knickt er dort, wo der **Wald aufhört** 8, links ab. Durch das Gebiet Staudachgasse kommen wir – erst wieder durch Streuobstwiesen wandernd, dann zwischen Feldern gehend – nach **Dußlingen**.

Dort folgen wir erst der **Mühlackerstraße**. Sie geht in die **Uffhofenstraße** über und, wo diese rechts abknickt, gehen wir in der **Dorfstraße** geradeaus weiter. An der Verzweigung mit der links abgehenden Lehrgasse bleiben wir auf der rechten Dorfstraße. Die rechts abgehende Wischergasse ignorierend erreichen wir bald die **Kirchstraße**. Sie bringt uns nach links zum **Ausgangspunkt**.

Von Bodelshausen in den Rammert

18

Waldidylle pur

2½ Std.
9,1 km
150 Hm

Bodelshausen – Wald – Pelagiustanne – L 389 – Rauhütte – CVJM Waldheim – Freizeitgelände Heiden – Bodelshausen

Wir wandern auf festen Wegen.

Waldszenen

Kleintierzüchterheim am Ausgangspunkt

Der Rammert ist ein überwiegend geschlossenes Waldgebiet, das in vielem an den Schönbuch oder den Nordschwarzwald erinnert. Er hat zwar keine ganz großen Attraktionen zu bieten, aber in ihm sind stille Wanderungen durch teilweise recht naturnahe Waldgebiete möglich. Immer wieder entdeckt man dort reizvolle Szenerien. Bei dieser Wanderung starten wir in Bodelshausen und kommen am Schluss an dem schönen Spiel- und Grillplatz Heiden vorbei. Mit der Aussicht auf dieses Ziel kann man vielleicht auch den Nachwuchs für die Tour gewinnen.

Die Wanderung führt durch tiefe, ernst wirkende Waldstücke …

… und heitere Streuobstwiesen.

Wir wandern vom **Parkplatz** 1 am nördlichen Ende von **Bodelshausen** aus Richtung Norden vorbei am Gelände der Kleintierzüchter durch die Streuobstwiesen in den Wald. Dort geht es immer geradeaus weiter. Wir ignorieren den links abgehenden Rauthauweg und gehen danach rechts an einem Militärgelände vorbei. Bald geht der asphaltierte Weg in einen Schotterweg über.

An der Verzweigung, wo rechts der Rote Weg abgeht, halten wir uns mit dem Wanderzeichen **blauer Balken** links, auch jetzt noch begleitet uns für eine Weile der Zaun des Militärgeländes. Danach dürfen wir den Punkt **Pelagiustanne** 2 nicht verpassen. Hier biegen wir mit dem **blauen**

1
2
3
4
5
6
7
8
9
Schietweg
Bauernhauleweg
Rammertweg
FBG-Tonlager Tübingen
L 389
Hessentorstraße
Mönchsrainweg
Krebsbach
Rottenburger Straße
Schellengrabenstraßchen
Rottenburg am Neckar
Ofterdingen
Hohenstöffel
529 m
Birkenhof
Rotlaubweg
Meisenweg
Drosselweg
Amselweg
Mössinger Straße
Fliederstraße
Bodelshausen
Bahnhofstraße
Obermhausen
Oberhausener Straße
Buchenstraße
Lindenstraße
Schillerstraße
Uhlandstraße
Kirchstraße

INFOS

www.bodels hausen.de

Bahn bis Bodelshausen, eventuell weiter mit dem Bus bis Haltestelle Bahnhofstraße

Bodelshausen, Parkstreifen zwischen der Rottenburger Straße und der Straße Am Stockachwasen am nördlichen Ortsende, GPS 48.403271, 8.967782

Einen Ausweichparkplatz findet man vor dem Freizeitgelände und dem Grill- und Spielplatz Heiden, erreichbar über die Mühlbachstraße. Will man grillen oder mit Kindern dort den Tag ausklingen lassen, ist dieser Platz besser als Ausgangsort geeignet. GPS 48.401528, 8.966254

Balken und dem Zeichen des **Jakobswegs** links ab und wandern auf dem sich windenden Weg bis zur **L 389** 3.

Etwas nach rechts versetzt gehen wir mit den **Wanderzeichen** auf der anderen Straßenseite weiter zum **Waldrand**; hier orientieren wir uns rechts. Kurz darauf zeigt das Radwegschild nach rechts, wir wandern aber, nun auf einem Schotterweg, **geradeaus** weiter. Bald knickt unser Weg links ab 4 und wir gehen nun im **Zimmerbach-Sträßchen** durch einen recht urtümlich wirkenden Wald. Am Schluss geht es bergauf bis zum querenden **Birkenhau-Sträßchen** 5.

Hier biegen wir mit dem Zeichen **blauer Punkt** links ab. Relativ eben kommen wir zur **Rauhütte** 6, deren Namen an der Inschrift »Zur Erinnerung an Oberförster Rau 1866–1906« erkennbar ist. Wir wandern rechts an der Hütte vorbei bis der Weg nach links zieht; hier zweigen wir mit dem genannten **Wanderzeichen** rechts ab 7.

Etwas später treffen wir auf einen querenden Weg. Hier steht auch das **CVJM Waldheim** 8. Wir wandern geradeaus weiter und verlassen bald den Wald. Rechts liegt nun das **Freizeitgelände Heiden** 9 mit einem großen Spielplatz und Grillstelle. Danach geht es an dem eingangs als Ausweichparkplatz genannten Parkplatz vorbei. Anschließend steigt es etwas an und wir treffen auf die **Rottenburger Straße**. Nun geht es nach links zurück zum **Ausgangspunkt**.

Auf dieser Wanderung zeigt der Rammert seinen urtümlichen Charakter.

Am Albtrauf

Am Albtrauf

Die letzte der Landschaften, die wir im Landkreis Tübingen ansteuern, führt ins Paradies, genauer gesagt, ins Schwäbische Streuobstparadies zwischen dem Rammert und der Schwäbischen Alb. Die Orte unserer Wandergegend ziehen sich unterhalb des Albtraufs entlang, ja beim Besuch des Dreifürstensteins wandert man sogar auf der Schwäbischen Alb.

Die Touren beginnen im Norden, oberhalb des Neckartals bei Kusterdingen. Südlich davon, in Gomaringen und Umgebung, finden wir nicht nur ein mächtiges Schloss, sondern wandern sowohl durch einen schönen Wald als auch durch weite Streuobstwiesen. Diese wunderschönen Landschaften setzen sich auch in Dußlingen – die Wanderung dort ist im Kapitel »Um den Rammert« beschrieben – und in Nehren fort. In Mössingen erreichen wir nicht nur den südlichsten Punkt unserer Wanderungen, sondern mit dem Dreifürstenstein auch den höchsten Punkt im Landkreis Tübingen, wo man eine wunderbare Aussicht genießen kann.

Herbst auf der Olgahöhe.

Durch Streuobstwiesen wandert man also bei allen Touren dieses Kapitels. Schließlich liegt zwischen den Landkreisen Göppingen und dem Zollernalbkreis, am Rand der Schwäbischen Alb, die größte Streuobstlandschaft Mitteleuropas. Zwecks ihrer Förderung haben sich über 200 Personen und Organisationen zum Verein »Schwäbisches Streuobstparadies« zusammengeschlossen. Dazu gehören das Land Baden-Württemberg, die Landkreise Göppingen, Esslingen, Böblingen, Reutlingen, Tübingen und der Zollernalbkreis. Zudem zahlreiche Städte und Gemeinden, Vereine, Initiativen sowie Betriebe aus dem Obst- und Gartenbau, der Verarbeitung, Vermarktung, Bildung und dem Tourismus.

Der Verein kümmert sich um die rund 26 000 Hektar und rund 1,5 Millionen Obstbäume in diesem Gürtel zwischen Alb und Neckar. Die jahrhundertealte Kulturlandschaft hier dient aber nicht nur dem Obstanbau, sie ist auch ein wertvoller, in langer Zeit gewachsener Kulturschatz. Es gibt zahlreiche Brennereien und Mostereien, Lehrpfade, Obstfeste, spannende Museen, Hochschulen, Hersteller für speziellen Streuobstfachbedarf und vieles mehr.

Streuobstwiesen sind also das zentrale Thema dieses Teils des Landkreises Tübingen. Dabei denkt der eine an Apfelkuchen, Zwetschgendatschi, Kirschplotzer, der andere an Apfelsaft, Most oder gar Birnensekt oder edlen Obstbrand. Wieder andere verbinden das Wort mit einer typisch schwäbischen Landschaft: mit einem Blütenparadies im Frühjahr oder bunt leuchtenden Blättern, garniert mit saftigen Früchten, im Herbst. Mit anderen Worten – sie denken an ein Wanderparadies.

Und schon stellt sich die Frage, wann man in dieser Region am besten wandert. Jede Jahreszeit hat ihre Vorteile: Im Frühjahr zur Blüte sind die Streuobstwiesen mit ihren Abertausend Bäumen ein weißes Märchen. Besonders von den Höhen aus sieht man nur ein Meer von weiß blühenden Obstbäumen. Wandert man durch die Wiesen, erfüllt das Summen der Bienen die Luft. Im Sommer stehen die Bäume voll im Saft und die Früchte reifen. Wandert man dann durch die Wiesen, ist man dankbar für den Schatten der oft mächtigen, alten Bäume. Besucht man die Region im Spätsommer oder im Herbst, lachen dem Betrachter rote, gelbe und violette Früchte entgegen. Es reifen Äpfel, Birnen, Zwetschgen und auch Nüsse in den Bäumen. Aber auch der Winter hat seine Reize, denn die meist knorrigen, alten Bäume zeigen dann ihren oft bizarren Wuchs.

Die Obstbäume sind aber nicht nur wegen ihrer Früchte, die sie uns schenken und dem, was man aus ihnen machen kann, wertvoll. Sie sind auch ökologisch überaus bedeutend – geben sie doch von der Wurzel bis zur Krone verschiedenen Tieren, auch seltenen und gefährdeten Arten, Lebensraum. Hier leben unter anderem der Gartenrotschwanz, der Halsbandschnäpper, der Steinkauz, der Wen-

Der Frühling ist doch die schönste Zeit in den Streuobstwiesen.

dehals sowie der Mittel-, Klein- und Grünspecht. Ältere Bäume haben außerdem oft Höhlen. In ihnen findet man Baumbrüter und Baumhöhlenbewohner. Spechte, Eulen, Siebenschläfer und Fledermäuse leben ebenfalls hier.

Informationen
Schwäbisches Streuobstparadies e. V.
Bismarckstraße 21
72574 Bad Urach
Telefon (0 71 25) 3 09 32 63
www.streuobstparadies.de
kontakt@streuobstparadies.de

Auf den Härten

19

Aussichtsreiche kurze Tour bei Kusterdingen

½ Std.

2 km

10 Hm

Kusterdingen/Friedhof – Funkturm – Friedhof

Einfacher Weg, durchgehend asphaltiert, ohne Höhenunterschied, für Rollstuhl und Kinderwagen geeignet.

Aussicht

Kusterdingen

So kurz diese Wanderung auch ist, so schön ist sie auch: Wir wandern gemütlich und ohne Höhenunterschiede zwischen Feldern und Streuobstwiesen und haben immer eine herrliche Aussicht auf Kusterdingen und das Umland, später auf die Schwäbische Alb. Hier reckt sich der Aussichtsturm auf dem Rossberg wie ein neugieriger Zeigefinger gut erkennbar in die Höhe. Das Schönste: Die Tour ist barrierefrei – Rollstuhlfahrer und Familien mit Kinderwagen können sich freuen.

Blick vom Wanderweg zu den Höhenzügen der Schwäbischen Alb, der »Blauen Mauer« – hier versteht man auch ihren Namen.

Wir folgen dem Sträßchen, das vom **Parkplatz am Friedhof** 1 in Kusterdingen aus an der Friedhofsmauer entlangführt. Nach dem Friedhof wandern wir zwischen Kleingärten, Streuobstwiesen und Feldern immer mit bester Aussicht nach links auf Kusterdingen und die Landschaft dahinter. Bei ein paar **Bänken** 2 geht rechts ein Weg ab – auf ihm kommen wir später wieder zurück.

Was im Frühjahr die weißen Blüten, sind im Herbst die bunten Früchte: auch optisch ein Genuss.

INFOS

www.
kusterdingen.de

Bahn bis Tübingen, dann Bus bis Kusterdingen Altes Rathaus

Kusterdingen, Friedhof, Hülbeweg, GPS 48.520116, 9.123852

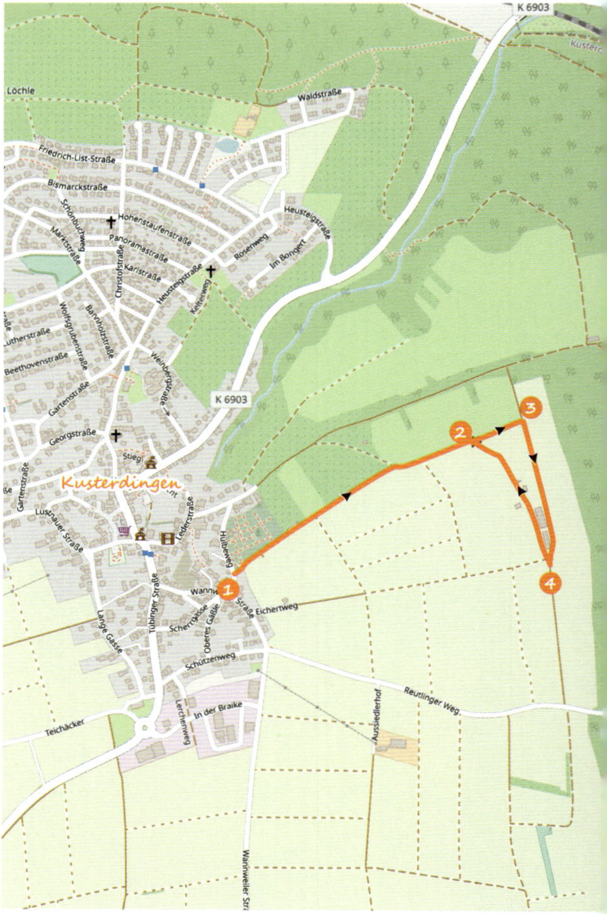

Vorerst wandern wir aber noch geradeaus weiter bis zu einem **querenden Weg** 3 vor dem Wald. Hier biegen wir rechts ab und kommen zu ein paar langgestreckten **Feldscheunen** 4. Hinter ihnen halten wir uns scharf rechts. Jetzt hat man auch den erwähnten Blick auf die Schwäbische Alb mit dem Rossberg samt seinem Aussichtsturm.

Bänke laden bei der sowieso schon kurzen Tour zur Rast und Erholung.

Wir gehen weiter, bis wir bei den erwähnten **Bänken** 2 auf den bekannten Weg stoßen. Nach links geht es zurück zum **Ausgangspunkt**.

Gomaringen: Wo der Most wächst 20

Streuobstwiesen und Aussicht zur Alb

2 Std.
7,4 km
120 Hm

Gomaringen/ Parkplatz Buchbach – Gomaringen Schloss – Aussichtspunkt Horn – Schleifmühle – Aussichtspunkt Friedensbuche – Parkplatz

Die Tour verläuft auf festen Wegen.

Streuobstwiesen, Aussicht, Schloss und Ort Gomaringen

Gomaringen, Schützenhaus

Bei dieser Tour lernt man die ausgedehnten Streuobstwiesen um Gomaringen kennen, denn am Hartwasen und Horn sieht man, wo der »Rohstoff« für den Gomaringer Apfelsaft herkommt. Der mit einem kurzen Abstecher erreichbare Aussichtspunkt Horn bietet zudem eine herrliche Aussicht auf die südliche Alb, ins Albvorland und zum Nordschwarzwald. Interessant ist auch das mächtige Schloss in Gomaringen, an dem die Tour vorbeiführt, sowie das Große Haus, das älteste Haus in Gomaringen. Die Tour verläuft vorwiegend auf breiten, festen Wegen, sodass man sie ganzjährig unternehmen kann.

Der Weg schlängelt sich durch die idyllischen Obstbaumwiesen.

Wir gehen vom **Parkplatz Buchbach** 1 **bei Gomaringen** aus auf dem Zufahrtssträßchen zurück in Richtung Gomaringen. Nach dem Schild Kleintierzüchterheim (430 m) kommen wir zur **Öschinger Straße**. Ihr folgen wir nach rechts zum Ortsrand. Dort biegen wir links ab in die **Albert-Schweitzer-Straße**.

Bald halten wir uns rechts in die **Riedstraße** 2. Vorbei am Schild Riedstraße (417 m) folgen wir ihr zur Tübinger

Straße, danach geht es in der **Rathausstraße** weiter. Sie zieht nach rechts und bringt uns zum **Rathaus**. Nach diesem halten wir uns links in die **Kirchstraße**. Unterhalb des Schlosses gehen wir auf der Treppe nach rechts hinauf zum **Schloss** (421 m) 3.

Dort biegen wir rechts ab und kommen zur **Lindenstraße**. Ihr folgen wir nun eine ganze Weile nach rechts, später geht es in der **Alteburgstraße** weiter geradeaus. Nach den Häusern wandern wir zwischen Wiesen und Streuobstwiesen, wobei wir nach links eine weite Aussicht haben.

Nach dem Wasserbehälter kommen wir zum **Hornsattel** (469 m) 4. Hier biegen wir rechts ab. Vorher empfiehlt es sich aber noch, einen Abstecher geradeaus zum **Horn** zu machen. Er ist nur 400 Meter lang und bringt 50 weitere Höhenmeter mit sich. Die Aussicht oben wird auf einer Metalltafel erklärt.

Zurückgekehrt zum Sattel wandern wir nun auf einem geschotterten Feldweg in einigen Windungen durch die Streuobstwiesen abwärts. Am Schluss geht es mit einem

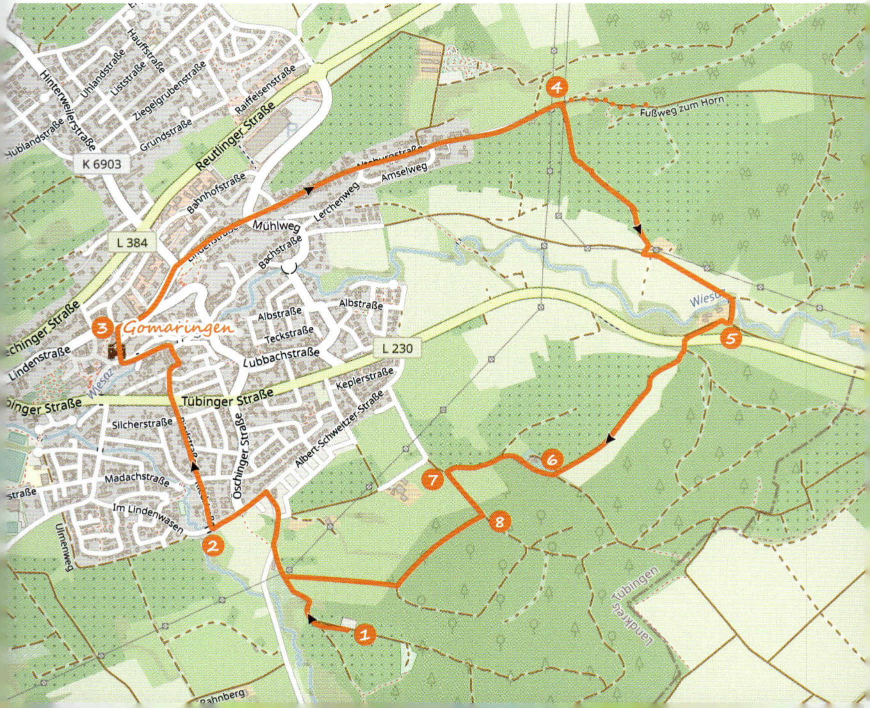

INFOS

www.gomaringen.de

Bahn bis Tübingen, Bus bis Gomaringen, Haltestelle Öschinger Straße

Gomaringen, Parkplatz Buchbach (südlich von Gomaringen), GPS 48.444043, 9.106857

Knick nach rechts zu einem Asphaltweg und dem Schild **Bonlanden** (449 m). Wir biegen links ab, kommen in ein Gehölz und gehen dort nach rechts über die **Brücke**. Danach halten wir uns rechts zur **Schleifmühle** 5.

Dort überqueren wir die Straße und gehen dahinter geradeaus zwischen Wiesen und Streuobstwiesen bis zum Waldrand. Rechts liegt das **Schützenhaus** 6, wo man als Naturdenkmal geschützte Bäume sehen kann und wieder eine weite Aussicht hat.

Danach wandern wir durch den Wald bergab. Nach dem Wald zieht das Sträßchen nach links und bringt uns zum

Vom Schloss in Gomaringen bietet sich ein schöner Blick zur Schwäbischen Alb.

Schild **Auchtertgasse** (457 m) 7. Dort biegen wir links ab. Nun folgt ein letzter Anstieg zum Wald. In ihm biegen wir am Schild **Heckberg** (492 m) 8 rechts ab. Etwas später kann man nach rechts hinaus zum Aussichtspunkt Friedensbuche gehen.

Ansonsten gehen wir geradeaus weiter bis zu einem **querenden Weg**. Dort biegen wir rechts ab, verlassen bald den Wald und wandern, wieder mit prächtigem Blick über die Landschaft und auf Gomaringen, zu dem uns bereits bekannten Schild **Kleintierzüchterheim**. Nach links kommen wir in wenigen Minuten zurück zum **Ausgangspunkt**.

Wälder und Streuobstwiesen um Gomaringen 21

Wald- und Aussichtsrunde

1½ Std.

5,1 km

100 Hm

Gomaringen/Parkplatz Buchbach – Erdmannsbach – Parkplatz Kohlgrube – Schützenhaus – Aussichtspunkt Friedensbuche – Parkplatz

Die einfache Wanderung verläuft auf festen Wegen, es gibt einen kurzen, steilen Anstieg zur Friedensbuche.

Streuobstwiesen, Aussicht

Schützenhaus der Schützengilde Gomaringen

Die Wald- und Aussichtsrunde beginnt am selben Ausgangspunkt wie die in Tour 20 beschriebene »Mostrunde«. Auch sie verläuft vorwiegend auf breiten, festen Wegen, sodass man sie ganzjährig unternehmen kann. Zuerst wird man recht flach auf einem Pfad am mäandernden Erdmannsbach entlang geleitet. Ab dem Parkplatz Kohlgrube führt ein Schotterweg gemächlich hinauf zum Schützenhaus der Schützengilde Gomaringen. Hier bietet sich eine herrliche Aussicht über Gomaringen bis nach Tübingen und zu den Höhen des Schönbuchs. Den nächsten Aussichtspunkt findet man bei der ehemaligen Friedensbuche. Das einstige Naturdenkmal gibt es zwar nicht mehr, aber vor einigen Jahren wurde an ihrer Stelle eine Rotbuche neu gepflanzt.

Von den Streuobstwiesen …

… in den idyllischen Wald.

Wir gehen vom **Parkplatz Buchbach** ① **bei Gomaringen** aus auf dem Zufahrtssträßchen kurz zurück in Richtung Gomaringen. Am Schild **Buchenbach** (434 m) biegen wir links ab und spazieren durch die Streuobstwie-

INFOS

www.gomaringen.de

Bahn bis Tübingen, Bus bis Gomaringen, Haltestelle Öschinger Straße

Gomaringen, Parkplatz Buchbach, GPS 48.444043, 9.106857

sen in den Wald. Dort folgen wir mit dem Wanderzeichen **blaues Dreieck** dem schmalen Pfad in vielen Windungen neben dem mäandernden Erdmannsbach.

Schließlich erreichen wir den **Parkplatz Kohlgrube** (463 m) 2, wo wir links abbiegen. Wir kommen wieder in den Wald, wo wir uns an der nächsten Verzweigung links halten. Nun steigt es immer sanft an.

Am Schild **Buchbach** (505 m) 3 zweigen wir rechts ab in Richtung **Schützenhaus**, ebenso am bald darauf folgenden Schild **Hartwald** (514 m) 4. Etwas später kommen wir zu einem querenden Weg mit dem Schild **Hartwald** (522 m) 5. Hier biegen wir links ab und erreichen kurz darauf das **Schützenhaus** 6. Hier kann man nicht nur als Naturdenkmal geschützte Bäume sehen, sondern hat auch eine erste weite Aussicht.

Danach wandern wir durch den Wald bergab. Nach dem Wald zieht das Sträßchen nach links und bringt uns zum Schild **Auchtertgasse** (457 m) 7. Dort biegen wir links ab, nun folgt ein etwas steilerer Anstieg zum Wald. In diesem orientieren wir uns am Schild **Heckberg** (492 m) 8 rechts. Etwas später kann man nach rechts hinaus zum **Aussichtspunkt Friedensbuche** gehen.

Auch weidende Kühe zeigen, dass es hier noch viel Landwirtschaft gibt.

Nun wandern wir immer geradeaus weiter bis zu einem **querenden Weg** (9). Dort biegen wir rechts ab, verlassen bald den Wald und gehen, wieder mit prächtigem Blick über die Landschaft und auf Gomaringen, hinab zum Schild **Kleintierzüchterheim** (430 m) (10). Nach links kommen wir in wenigen Minuten zurück zum **Ausgangspunkt**.

Firstwaldrunde

22

Durch Wald und Streuobstwiesen

3 Std.

9,6 km

210 Hm

Nehren/Freizeitanlage Schwanholz – Nabu-Haus – Jägerwegle – Dicke Eiche – Firstberg – Schlossbuckel – Lauferwald – Grube – Freizeitanlage Schwanholz

Wir wandern auf festen Wegen, Naturwegen und Pfaden.

Waldszenen, Nehren

Nehren

Der Anfang und das Ende dieser Tour führen uns durch die herrlichen Streuobstwiesen um Nehren. Dazwischen lernen wir einen urtümlichen Wald mit einigen Tobeln kennen, die man auf urigen Holzbrücken überquert. Die als Premiumwanderweg ausgezeichnete Runde verläuft auf dem idyllischen Jägerwegle, auf schmalen Pfaden sowie breiten Wegen, im schattigen Wald und durch sonnige Streuobstwiesen. Die Wanderung bietet mit den Streuobstwiesen, den Aussichten und den Waldstücken viele wechselnde Landschaftseindrücke. Man lernt sogar alle bisher zum »Baum des Jahres« gekürten Bäume kennen. Nehren selbst besitzt zahlreiche Fachwerkhäuser, sodass sich nach der Wanderung ein Bummel durch den Ort lohnt.

Wanderwege auf natürlichem Untergrund und durch Streuobstwiesen sind immer ein Vergnügen.

Am Ausgangspunkt **Parkplatz Schwanholz** (466 m) bei **Nehren** 1 folgen wir dem durch die Baumwiesen führenden Weg in Richtung »Bäume des Jahres«. Wir orientieren uns am **Waldrand** links, danach am Schild **Gänsbühl Süd** (455 m) rechts. Jetzt wandern wir an den hier angepflanzten Bäumen des Jahres entlang.

Dicke Eiche

Wie alt die dicke Eiche war, ist umstritten. Manche datierten sie auf das 13., andere sogar auf das 9. Jahrhundert zurück. Einst wurde sie als der mächtigste Baum des Landes gerühmt. Sie war zwar nur 25 Meter hoch, aber so dick, dass in ihr über 20 Menschen, nach anderen Quellen sogar 36 Personen, Platz fanden. 1843 war der berühmten Maler Anselm Feuerbach (1829–1880) hier. Ihr Ende kam im Jahr 1874, als sie in sich zusammenstürzte.

INFOS

www.früchtetrauf-bw.de, www.moessingen.de

Bahn oder Bus bis Nehren Bahnhof

Nehren, Freizeitanlage Schwanholz, zu erreichen über den Herdweg, GPS 48.423672, 9.080428. Alternative Ausgangspunkte sind das Freibad oder der Bahnhof in Mössingen.

An einer **Verzweigung** orientieren wir uns links, am Schild **Nabu-Haus** (429 m) 2 rechts. Jetzt geht es durch den Wald. Kurz danach wandern wir am Barfußpfad und am Deffnerteich vorbei. Am Schild **Lindach-Forst Südost** (470 m) 3 halten wir uns rechts, ebenso am folgenden Schild **Jägerwegle Nord** (473 m).

Wir queren einen Weg, danach leitet uns der Pfad über zwei Brücken zur Kreuzung beim Schild **Jägerwegle Süd** (477 m). Hier wandern wir geradeaus weiter. Nach dem festen Weg werden wir auf einen **Naturweg** verwiesen. Er führt uns über Holzbohlen, danach erreichen wir die Stelle, an der früher die **Dicke Eiche** 4 stand.

Danach wandern wir in Serpentinen nach links auf einem breiten Weg hoch zum Waldrand. Hier sehen wir das **Schild Firstberg** (600 m) 5, das an die ehemalige Burg First erinnert. Hier haben wir einen prächtigen Blick zur Schwäbischen Alb. Unser eigentlicher Weg führt allerdings schon kurz **vorher nach rechts**. Nun führt uns ein schmaler Pfad zum Schild **Gartenacker** (594 m).

Dort halten wir uns rechts. Gleich danach zweigen wir links ab auf einen **schmalen Pfad**, der steil hinabführt. Unten orientieren wir uns links. Nun wandern wir durch Baumwiesen und Kleingärten mit einem schönen Blick auf Öschingen bis zum Schild **Reutern** (547 m) 6. Dort orientieren wir uns scharf rechts und biegen an der nächsten **Verzweigung** links ab.

Jetzt leitet uns ein Wiesenweg zu einem Schotterweg. Wir passieren das Schild Lauferwald (531 m) und erreichen danach das Schild **Lauferwald Ost** (530 m). Zum **Rastplatz Lauferwald** 7 geht es hier nach links. Dort haben

Blick vom Zufahrtsweg hinab zum Ort.

rechts: Durch den Wald führt teilweise ein idyllischer Pfad.

wir einen schönen Blick zum Farrenberg. Danach fällt der Weg ab. Vor dem Schild **Pfarrersgrund** (577 m) halten wir uns links. Wir spazieren durch eine Schneise und werden kurz danach nach **rechts** verwiesen. Gleich anschließend biegen wir am **Feldweg** links ab. Dem nächsten **Querweg** folgen wir nach rechts.

Wir kommen zum Waldrand, wo wir uns am Schild **Fürstwald** (514 m) links orientieren. Danach geht es am Schild **Wacht** (529 m) noch einmal nach links zum Schild **Grube Südwest** (507 m) 8. Hier orientieren wir uns rechts. Wer will, kann hier einen Abstecher von 400 Metern nach links zum Freibad Mössingen machen. Die restliche Wegstrecke ist nur noch 1,5 Kilometer lang, sodass sich dies an heißen Sommertagen als Abschluss eines schönen Wandertages anbietet.

Nach einem eingezäunten Grundstück orientieren wir uns an der **Verzweigung** rechts, ebenso am nächsten **Querweg**. Am querenden **Unteren Fürstwaldweg** gehen wir mit der **blauen Raute** nach links. Kurz darauf halten wir uns aber links in einen **Pfad**. Bald erreichen wir das Schild **Südlich Parkplatz Schwanholz** (489 m). Dort halten wir uns rechts und sind kurz darauf zurück am Ausgangspunkt.

Mössinger Streuobstwegle 23

Gemütlich und aussichtsreich durch die Streuobstwiesen

1 Std.

3,6 km

75 Hm

Mössingen/Wanderparkplatz Linden – Aussichtspunkt Kälberauchtert – Bleiche/Schützenhaus – Aussichtspunkt Ob den Breitwiesen – Untere Tabakäcker – Oberer Auchtert – Parkplatz

Wir wandern auf Pfaden und geschotterten Wegen.

Aussicht, Streuobstwiesen

Schützenhaus, Mössingen

Dieser Premium-Spazierwanderweg ist dem Thema »Streuobstwiesen« gewidmet. Die abwechslungsreiche Runde führt durch die herrlichen Baumwiesen des »Schwäbischen Streuobstparadieses« und den lichten Wald am Albtrauf. Zahlreiche Informationstafeln des Netzwerks Streuobst bieten unterwegs interessante Informationen zu dieser alten Kulturlandschaft und dem dortigen Artenreichtum. Eine Mössinger Besonderheit sind hierbei die Allmandteile, schmale Streuobstwiesenparzellen, die durch historische Bewirtschaftung entstanden sind und bis heute an Bürger verpachtet werden. Außerdem haben wir immer wieder einen prächtigen Blick, beispielsweise nach Mössingen, ins Steinlachtal und ins Albvorland oder, in der anderen Richtung, zum Albtrauf mit dem Linsenbühl und dem an seinem Turm erkennbaren Rossberg. Die Tour ist gemütlich zu gehen, weist sie doch nur eine geringe Steigung auf und führt auf bequemen und gut zu gehenden Gras- oder Schotterwegen. Sie kann mit dem Mössinger Leisawegle (Tour 24) zu einer längeren Wanderung zusammengelegt werden.

Blick zur Schwäbischen Alb mit dem Rossberg.

Vom **Wanderparkplatz Linden bei Mössingen** ❶ aus gehen wir zuerst zu der unter Naturschutz stehenden Gruppe von Winterlinden. Hier biegen wir am Wanderschild **An den Kalksteinbrüchen** (581 m) links ab. Jetzt wandern wir durch die Wiesen, wobei sich uns zeitweise ein prächtiger Blick hinab ins Tal bietet, bis zum **Waldrand** (595 m). Dort gehen wir nach rechts weiter.

Der Weg führt uns hinunter zum Aussichtspunkt **Kälberauchert** (577 m) ❷. Dort bietet sich uns ein herrlicher Blick nach Mössingen und ins Albvorland. Rechts sieht man zum Albtrauf, wo man den Rossberg an seinem Turm erkennt.

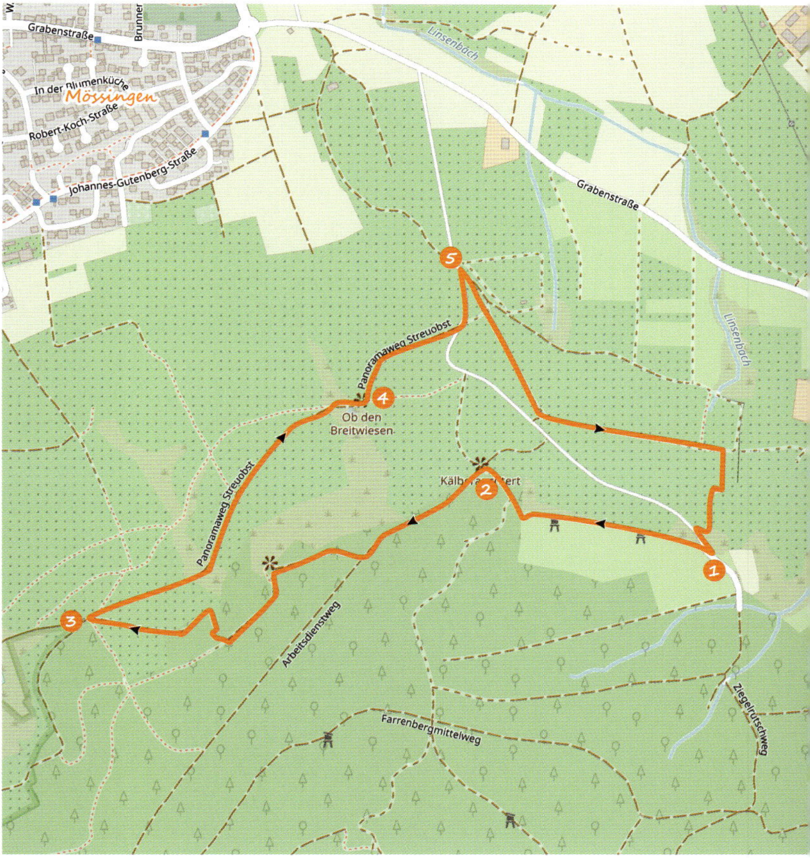

INFOS

www.früchtetrauf-bw.de, www.moessingen.de

Bahn bis Mössingen oder Tübingen, Bus bis Mössingen Aiblestraße

Mössingen, Wanderparkplatz Linden (Zwischen Friedhof und Ziegelhütte zweigt von der Grabenstraße ein markiertes Sträßchen zum Wanderparkplatz ab.) GPS 48.395726, 9.080434. Einen Ausweichparkplatz gibt es am Schützenhaus.

Jetzt führt uns ein breiter **Feldweg** nach links und wir spazieren durch die Streuobstwiesen in den Wald. Am Schild **Ettenfeldgraben** (597 m) gehen wir nach rechts und erreichen bald das Schild **Am Rübenwegle** (597 m). Jetzt gehen wir nach rechts steil abwärts, der schmale Pfad bringt uns zum Schild **Bleiche** (561 m) 3. Nach links ginge es zum Ausweichparkplatz am Schützenhaus, in welchem man auch einkehren kann. Wir wandern aber nach rechts weiter. Der Weg führt uns durch schöne Streuobstwiesen. Nun haben wir nach links einen prächtigen Blick hinab nach Mössingen.

Nach kurzer Zeit erreichen wir das **Feuchtbiotop Ettenfeld**. Es dient als Laichgewässer für Grasfrösche und Feuersalamander. Es folgen die Schilder **Ob den Breitwiesen** (533 m) 4 und **Obere Tabakäcker** (535 m). Hier halten wir uns links. Nun wandern wir auf dem Zufahrtssträßchen zum Parkplatz hinab zum Schild **Untere Tabakäcker** (523 m) 5.

Hier müssen wir uns entscheiden: Wer diese Tour mit dem Leisawegle zu einer längeren Wanderung vereinen will, hält sich links und folgt der Beschreibung von Tour 24. Anderenfalls halten wir uns rechts und spazieren zwischen Wiesen und Streuobstwiesen auf die Schwäbische Alb zu. Auch hier sehen wir vor uns unter anderem den Rossberg mit seinem Turm, außerdem den Linsenbühl.

Wir kommen am Schild südöstliche Tabakäcker (503 m) vorbei, danach erreichen wir das Schild **Oberer Auchtert** (539 m). Hier orientieren wir uns rechts. Es steigt etwas an, und begleitet von Streuobstwiesen folgen wir den Wanderzeichen hinauf zu den bekannten Winterlinden. Hinter ihnen liegt unser **Ausgangspunkt**.

Idylle in den Streuobstwiesen.

Café pausa

Erziehungsschnitt

Mössinger Leisawegle

24

Aussichtsreiche Kurztour

1½ Std.

4,8 km

115 Hm

Mössingen/ Wanderparkplatz Linden – Untere Tabakäcker – Vor Auingen – Linsenbühl – Ziegelhütte – Aussichtspunkt Josefsgärtle – Wanderparkplatz

Der Spaziergang verläuft auf Pfaden und geschotterten Wegen.

Streuobstwiesen, Aussichtspunkte

Mössingen

Dieser Premium-Spazierwanderweg verwöhnt uns mit vielen verschiedenen Landschaftseindrücken. Die Tour verläuft durch die abwechslungsreiche Landschaft um Mössingen mit Feldern, Wald und Wiesen. Die Wiesen sind eine Besonderheit der Stadt, sie werden nämlich seit alters her zum Teil als Allmandwiesen genutzt. Diese Streuobstparzellen werden an Mössinger Bürger verpachtet. Unterwegs bieten sich uns weite Blicke, dabei ist besonders die Aussicht vom Linsenbühl aus hervorzuheben. Dort bietet sich uns ein Blick auf Mössingen und ins Steinlachtal, außerdem zur Schwäbischen Alb mit Farrenberg, Filsenberg und Rossberg. Die kurze Tour verläuft im EU-Vogelschutzgebiet »Mittlere Schwäbische Alb«. Am schönsten ist es hier sicher im Frühling, denn dann zeigen die Obstbäume ihre ganze blühende Schönheit. Der Name des Weges kommt von den Linsen, die früher westlich der Ziegelhütte angebaut wurden. Die Tour kann mit dem Premiumweg Mössinger Streuobstwegle (Tour 23) zu einer größeren Wanderung zusammengelegt werden.

Hinter den Streuobstwiesen erheben sich die mächtigen Bergrücken der Schwäbischen Alb.

Bereits am Ausgangspunkt zeigt sich die Natur von ihrer schönsten Seite.

Ab dem **Wanderparkplatz Linden bei Mössingen** ❶ wandern wir zuerst in Richtung Mössingen bis zu der Lindengruppe mit den drei alten, unter Naturschutz stehenden Winterlinden.

Hier finden wir das Schild **An den Kalksteinbrüchen** (581 m), nun orientieren wir uns rechts. Der Weg führt uns am Schild **Bei den Linden** (580 m) vorbei, dann geht es in den Streuobstwiesen in Serpentinen auf einem unbefestigten Weg steil abwärts. Nach den Baumwiesen folgt das Schild **Oberer Auchtert** (539 m), hier halten wir uns vor den Wiesen links. Nach einer Ruheliege bietet sich uns immer wieder eine prächtige Aussicht – zum Beispiel zum Albtrauf mit dem Linsenbühl und dem an seinem Aussichtsturm erkennbaren Rossberg.

Später spazieren wir an den Schildern Südöstliche Tabakäcker (503 m) und **Untere Tabakäcker** (523 m) ❷ vorbei, danach quert die Zufahrtsstraße. Bald treffen wir auch auf das Mössinger Streuobstwegle (Tour s. a. 23). Danach wandern wir durch einen Hohlweg. Wir passieren die Schilder Am Hohlweg (503 m), Breitwiese (485 m) und Vor der Lache (488 m). Am Schild **Vor Auingen** (481 m) ❸ überqueren wir die zum Ziegelhof führende Grabenstraße.

INFOS

www.früchtetrauf-bw.de, www.moessingen.de

Bahn bis Mössingen oder Tübingen, Bus bis Mössingen Aiblestraße

Mössingen, Wanderparkplatz Linden (Von der Grabenstraße zweigt zwischen Friedhof und Ziegelhütte ein markiertes Sträßchen zum Wanderparkplatz ab.) GPS 48.395726, 9.080434. Einen Ausweichparkplatz findet man am Friedhof.

Wir halten uns an einen **Feldweg** und überqueren den Linsenbach, danach kommen wir am Schild **Linsenbach** (493 m) vorbei. Mit schönem Blick zum Albtrauf geht es nun eine Zeitlang geradeaus, dann orientieren wir uns an

NABU-Vogelschutzzentrum

Die Mitarbeiter/innen des NABU-Vogelschutzzentrums pflegen unter anderem verletzte Vögel und beraten Besucher. Auch beschlagnahmte Vögel werden hier aufgenommen. Außerdem forscht man hier zu den Themen Vogelschutz und Umweltbildung. Öffnungszeiten: Montag bis Freitag 9–17 Uhr, an Wochenenden und Feiertagen für Gruppen nach Voranmeldung (Tel. 074 73/10 22).

einem **Querweg** rechts. An der nächsten Kreuzung behalten wir unsere Richtung bei, gleich danach orientieren wir uns aber am Schild **Östlich Linsenhalde** (515 m) rechts. Nun geht es zum **Linsenbühl** 4 etwas hinauf. Dort bietet sich uns eine prächtige Fernsicht. Auch den Blick zurück nach Mössingen sollte man genießen. Danach führt uns der unbefestigte Weg zu einem **geschotterten Weg**. Auf ihm halten wir uns rechts zur Straße.

Am **Schild Linsenhof** (529 m) orientieren wir uns links und spazieren zur Ansiedlung **Ziegelhütte**, in der sich das **NABU-Vogelschutzzentrum** 5 befindet.

Anschließend halten wir uns am Schild **NABU-Vogelschutzzentrum** (525 m) rechts. Wir wandern nun durch eine offene Weidelandschaft hinauf zum Waldrand. Unterwegs kann man die Limousin-Mutterkühe des Biolandhofs Möck mit ihren Kälbern beim Grasen beobachten.

Oben treffen wir auf das Schild **Josefsgärtle** (587 m) 6. Hier bietet sich uns noch einmal ein herrlicher Blick über die weite Voralblandschaft sowie zur Schwäbischen Alb selbst. Danach kommen wir in den Wald. Hier zieht der Weg nach rechts. Wir treffen auf einen querenden Weg und das Schild **Frühes Teichle** (603 m). Dort halten wir uns rechts und sind bald darauf wieder zurück am **Parkplatz**.

Ein schöner Grasweg führt durch die Baumwiesen.

Dreifürstensteig

25

Aussichtsreich am Bergrutsch vorbei

5 Std.

13,3 km

570 Hm

Mössingen/Olgahöhe – Parkplatz Linden – Parkplatz Unter Andeck – Parkplatz Bergrutsch – Bergrutsch – Dreifürstenstein – Parkplatz Buch – Olgahöhe

Die Tour verläuft meist auf Pfaden, die bei Nässe rutschig sein können. Vorsicht ist insbesondere an den Steilabstürzen geboten: Hier sollte man trittsicher und schwindelfrei sein. Stabiles Schuhwerk ist hier zu empfehlen.

Bergrutsch, Aussicht

Mössingen

Es spricht für den Dreifürstensteig, dass er 2014 zu Deutschlands zweitschönstem Wanderweg gewählt wurde. Kein Wunder, handelt es sich doch um einen Premiumwanderweg auf teilweise alpin anmutenden Pfaden, wo sich immer wieder eine herrliche Aussicht bietet. Die Panoramablicke reichen unter anderem bis zur Burg Hohenzollern. Viele Tausend Apfel-, Birnen-, Zwetschgen- und Kirschbäume machen die Tour vor allem im Frühjahr zum reinsten Genuss. Um Mössingen wachsen rund 40 000 Obstbäume in den Streuobstwiesen – dies ist in dieser Ausdehnung und Qualität in Europa einzigartig. Auch eine Tour im Sommer oder an klaren Herbsttagen, die eine weite Aussicht ermöglichen, ist nicht zu verachten. Darüber hinaus gibt es anfangs einen Lehrpfad durch Streuobstwiesen mit Apfel-, Birnen-, Zwetschgen- und Kirschbäumen, anschließend führt die Tour durch wunderschöne Hangwälder und Wiesen. Wir steigen hinauf zum Bergrutsch und gehen entlang des Steilabbruchs zum aussichtsreichen Dreifürstenstein. Abschließend wandern wir durch den lichten Buchenwald zum Naturschutzgebiet »Olgahöhe«, wo sich auch das gleichnamige Freizeitgelände befindet.

Blick vom Albvorland hinauf zum Rossberg mit seinem Aussichtsturm.

Vom Ausgangspunkt **Parkplatz Olgahöhe** oberhalb von **Mössingen** ① halten wir uns erst zum Waldrand. Dort führt uns die Markierung **roter Apfel** in Richtung Parkplatz Linden nach rechts. Wir gehen durch eine Streuobstwiese hinab zu einem **Schotterweg**. Dort orientieren wir uns rechts. Nun wandern wir auf dem **Panoramaweg Streuobst** ②. Wie schon der Name sagt, bietet er eine herrliche Aussicht. Zudem kommt man an einigen Informationstafeln vorbei.

Am Wanderschild **Vor dem Berg** (561 m) treffen wir auf einen anderen Weg. Ihm folgen wir nach rechts. Etwas später bietet sich nach links ein Blick ins Albvorland und geradeaus sieht man zum Rossberg mit seinem Turm. Wir kommen an einem kleinen Feuchtbiotop vorbei, danach treffen wir auf das Schild **Ob den Breitwiesen** (533 m).

Bergrutsch am Hirschkopf

Am 12. April 1983 gab es hier den berühmten Bergrutsch am Hirschkopf. Er war 100 Jahre lang der größte seiner Art in Baden-Württemberg. Ihm voraus ging eine lange Nässeperiode, in der es über Tage regnete. Dabei rutschten rund vier Millionen Kubikmeter Erde und Geröll mit einem Gewicht von acht Millionen Tonnen ins Tal. Dies war ein anschauliches Beispiel für die rückschreitende Erosion des Albtraufs, denn er wurde dabei um rund 30 Meter zurückverlegt. Dabei entstand eine Urlandschaft, die auf einer Fläche von 50 Hektar anfangs kahl und von Wasserlöchern durchsetzt war. Im Laufe der Zeit hat sich der Wald wieder erholt und die Fläche zurückerobert. 1988 wurden 39 Hektar zum Naturschutzgebiet erklärt, außerdem wurde das Gebiet 2006 zum »Nationalen Geotop« ernannt.

Jetzt folgen wir sanft ansteigend dem rechts abzweigenden **Wiesenweg**. Etwas später biegen wir vor der Asphaltstraße am Schild **Tabakäcker** (538 m) im rechten Winkel rechts ab, nun folgt ein steiler Anstieg zum **Waldrand**. Wir überqueren am Schild **Taläcker** (568 m) den Arbeitsdienstweg, danach wandern wir links entlang des Waldrands kurz geradeaus hinauf. Danach orientieren wir uns links in einen **Wiesenweg**. Nun begleitet uns eine Hecke zum **Parkplatz Linden** 3.

Am Berg im Hintergrund fand der berühmte »Bergrutsch am Hirschkopf« statt.

Als Zwischenziel orientieren wir uns an der Bezeichnung Parkplatz Andeck auf den Wegweisern. Zuerst geht es im Wald auf dem breiten **Ziegelrutschweg** steil aufwärts zu einer Verzweigung. Hier geht der Farrenbergmittelweg rechts ab und führt eben weiter, wir behalten aber unsere Richtung bei und wandern weiter bergauf. Es folgen eine Links-, eine Rechts- und wieder eine Linkskurve, danach geht es ziemlich flach zum **Parkplatz Andeck** 4.

Jetzt halten wir uns an die Zufahrtsstraße in Richtung Parkplatz Bergrutsch. Wir kommen zu einer scharfen Linkskurve, wo wir am Schild **Unter Andeck** (683 m) rechts auf einen schmalen Asphaltweg abzweigen. Nun wandern wir rechts des Baches und vorbei an einem Brunnen steil hinab zum zweiten Schild **Unter Andeck** (649 m). Hier orientieren wir uns rechts und wandern auf einem schmalen Schotterweg weiter zum Waldrand.

Danach führen uns die **Wanderschilder** durch eine offene Wiesenlandschaft, wo sich ein herrlicher Blick nach links hinab nach Talheim und in Gehrichtung zum Hirschkopf bietet. Schließlich knickt der Weg links ab zur Straße, wo wir das Schild **Tal** (653 m) finden. Weiter rechts liegt der **Parkplatz Bergrutsch** 5, wir überqueren aber die Straße. Dahinter wandern wir in Richtung **Bergrutsch Dreifürstenstein** zum Wald, wo uns ein im Zickzack steil ansteigender Weg hinauf zu einer **Schutzhütte** 6 führt. Wenn wir nach rechts blicken, sehen wir die senkrechte Felswand des **Bergrutsches**.

Jetzt geht es nach rechts immer am Steilabfall entlang. Vor allem bei Feuchtigkeit sollten wir vorsichtig sein, denn dann ist der Weg sehr rutschig. Zudem ist der Fels teilweise auch überhängend. Wir kommen zu einer freien Stelle, die

Dreifürstenstein

Der Dreifürstenstein (854 m) fällt nach drei Seiten steil ab. Da sich bis 1806 hier die Staaten Fürstenberg, Hohenzollern und Württemberg trafen, war die Bergnase tatsächlich ein Dreiländereck. Der Sage nach sollen sich hier die Fürsten der drei Staaten getroffen haben. Dabei konnte jeder auf seinem eigenen Territorium sitzen. Auch heute noch verlaufen hier Grenzen: die der Landkreise Tübingen und Zollernalbkreis sowie der Städte Mössingen, Burladingen und Hechingen. Zudem ist der Dreifürstenstein der höchste Punkt im Landkreis Tübingen. Der Blick von hier ins Albvorland und zum Hohenzollern ist großartig.

INFOS

www.früchtetrauf-bw.de, www.moessingen.de

Mössinger Bahnhof, weiter mit Anmeldeverkehr

Mössingen, Parkplatz Olgahöhe, GPS 48.390879, 9.060845. Alternative Ausgangspunkte sind die Parkplätze Linden, Unter Andeck, Bergrutsch und Buch, an denen diese Tour vorbeiführt.

uns außer einer Informationstafel auch eine Aussicht bietet. Bald danach erreichen wir den aussichtsreichen **Dreifürstenstein** 7 mit seiner Schutzhütte.

Kurz vor dem Aussichtspunkt halten wir uns rechts. Nun geht es entlang der zahlreichen angebrachten **Wanderzeichen** in Richtung Parkplatz Buch Olgahöhe Mössingen anfangs steil in Serpentinen abwärts. Es geht vorbei am Schild Heuberg (741 m), wir halten uns stellenweise auch an das Wanderzeichen **blaues Dreieck** und erreichen schließlich das Schild **Glindwasen** (595 m). Hier nehmen wir den rechts abgehenden Forstweg und wandern zum Waldrand. Dort passieren wir den **Parkplatz Buch** 8 und kommen zu

Blick vom Dreifürstenstein zum Hohenzollern.

einer querenden Straße, wo wir das Schild **Vordere Buchwiesen** (523 m) sehen.

Nun gehen wir auf der Straße nach rechts. Gleich darauf, an ihrer Linkskurve, führt uns aber ein Pfad steil hinauf zu den Baumwiesen. Etwas später überqueren wir erneut die Straße. Weiter durch Streuobstwiesen gehend kommen wir zu einer Straße unterhalb der rechts oben liegenden **Olgahöhe**. Jetzt folgen wir dem Zeichen **blaues Dreieck** auf einem Pfad durch die Wiese steil hinauf zu den Bäumen auf der Olgahöhe, die wie eine Krone in den Himmel ragen. Abschließend geht es durch die **Freizeitanlage** zurück zu unserem **Ausgangspunkt**.

Bildnachweis

Titelbild: Dieter Buck
S. 10 & 13: Pixabay
Alle anderen Fotos: Dieter Buck
Kartengrundlagen: OpenStreetMap

Titel:	WANDERN IM LANDKREIS TÜBINGEN
Untertitel:	Die 25 schönsten Wanderungen am Früchtetrauf
Autor:	Dieter Buck
Herstellung:	verlag regionalkultur
Satz:	Daniela Waßmer, vr
Umschlaggestaltung:	Andrea Sitzler, vr

Alle Angaben ohne Gewähr.

ISBN 978-3-95505-282-9

Bibliografische Information der Deutschen Bibliothek:
Die Deutsche Bibliothek verzeichnet diese Publikation in der Deutschen Nationalbibliografie; detaillierte Daten sind im Internet über http://dnb.de abrufbar.

Diese Publikation ist entsprechend den Frankfurter Forderungen auf alterungsbeständigem und säurefreiem Papier (TCF nach ISO 9706) gedruckt.

verlag regionalkultur
Ubstadt-Weiher · Heidelberg · Speyer · Stuttgart · Basel
Verlag Regionalkultur GmbH & Co. KG
Bahnhofstraße 2 · D-76698 Ubstadt-Weiher
Tel 07251 36703-0 · Fax 07251 36703-29
E-Mail kontakt@verlag-regionalkultur.de · www.verlag-regionalkultur.de